COLLECTION

I0630109

FOLIO THÉATRE

Pedro Calderón de la Barca

La vie est un songe

Préface de Marc Vitse
Professeur à l'Université
de Toulouse-Le Mirail

*Traduction nouvelle et notes
de Lucien Dupuis*

Gallimard

*La présente traduction est destinée à paraître
dans la Bibliothèque de la Pléiade.*

© *Éditions Gallimard, 1996.*

PRÉFACE

« Car la vie n'est qu'un songe », proclame Basile et reprennent à l'envi tous ceux qui, comme lui, ont intérêt à propager cette devise d'un stoïcisme désenchanté.

« Car la vie n'est pas un songe », peut leur répondre enfin Sigismond au terme d'un parcours inouï de souffrances. Le malheur, il l'a assez appris à ses dépens, n'est jamais un songe, non plus que le bonheur vécu, tout aussi réel. Seul l'est le bonheur passé, le bonheur remémoré : « Quelle félicité passée n'est-elle pas un songe ? Est-il quelqu'un qui a connu des bonheurs insignes et qui ne dise à part soi, quand il les remue dans sa mémoire : "nul doute que tout ce que j'ai vu, c'était un songe" ? » (p. 116-117).

Telles sont, si proches et pourtant tellement irréconciliables, les deux vérités qui s'affrontent sans merci dans la pièce la plus célèbre du théâtre de Calderón. Elles s'y font, à travers un double conflit de générations — Basile et Clothalde, pères indignes; Rosaure et Sigismond, enfants héroïques —, une guerre impitoyable, jusqu'à ce que le temps nié ou volé par les uns redevienne, pour les autres, temps retrouvé ou rendu, à l'aube d'une ère nouvelle ouverte sur l'assomption du héros glorieux.

*Ni drame philosophique sur la condition de l'homme,
ni métaphore apologétique chrétienne,* La vie est un
songe, *en effet, s'avère être avant tout une tragédie du
temps des hommes, de ces hommes du XVIIᵉ siècle espagnol et européen qui, confrontés au silence de Dieu,
savent à quel point le temps, précisément, leur est
compté.*

La scène primitive : la belle et la bête

*Une femme, déguisée en homme (Rosaure), rencontre
un homme qui a tout de la bête (Sigismond). Et la belle,
qui eût pu en déchaîner la fureur, va momentanément
l'apprivoiser. Si elle y réussit, c'est qu'elle est l'objet,
comme le prisonnier dans ses fers, d'un identique processus d'aliénation totale, à quoi les soumet la tyrannie de
la fortune. Victime de la cruauté du destin qui l'a
conduite jusqu'aux frontières de Pologne, elle y est, brutalement, jetée à bas de sa monture et comme dépossédée
d'elle-même. Elle a beau, un instant, avoir la force de se
dresser contre tant de violence aveugle, la tentation la
prend bientôt de l'immobilité et de l'abandon, quand son
regard envoûté ne parvient plus à s'arracher au spectacle fascinant de l'antre déshumanisé de la mort.*

*Les cris qui en montent, pourtant, réveillent en elle
une généreuse capacité d'ouverture à l'autre, à cet autre
voué comme elle, semble-t-il, à une éternité de malheur.
Sa plainte, à lui, n'est pas seulement lamentation. Elle
se fait accusation contre les cieux qui l'ont spolié de ses
droits naturels et l'ont réduit à n'être qu'un homme-
enfant, privé tout à la fois de son passé et de tout avenir.
Elle se fait révolte titanesque et volonté d'autodestruc-*

tion, seules façons, à ses yeux, de se soustraire aux forces absentes et muettes qui le privent de lui-même.

Car il ne sait pas encore que ces dieux qu'il rend responsables d'une tyrannie sans nom pourraient bien avoir visage humain. Pour l'heure, d'autres menaces pèsent encore sur l'intégrité de son moi. Tout à son exaspération vindicative, il ne peut voir dans la présence soudainement révélée de Rosaure qu'une violation de son intimité. Il ne peut saisir dans son regard que l'image dégradée et réfractée à l'infini de son indignité présente, que la marque extrême de la tendance à se déliter d'un moi déjà désintégré par la violence physique d'un injuste enfermement.

Or, contre toute attente de sa part, ce témoin, loin d'être hostile, met devant lui genou à terre et lui dit sa confiance en son humanité. Du même coup s'ouvre pour lui l'autre dimension de la conscience d'autrui, non plus menace supplémentaire de dissémination de soi, mais possibilité de reconnaître enfin sa propre image d'homme. Sigismond ne l'oubliera jamais. Il ne pourra plus, à l'avenir, s'enfermer dans la volonté de domination et d'autosuffisance qu'il postulait à l'instar des êtres de la nature. Il vient d'apprendre qu'il n'y aura plénitude à soi et bonheur que par la reconnaissance, qui est, à ce moment précis, condition même de sa naissance.

Rosaure, en effet, lors de cette ouverture magistrale de La vie est un songe, n'a pas seulement joué le rôle de sœur dans le couple que forment ces jumeaux du malheur. Elle a également, dans l'enceinte très particulière de cette scène archaïque et, pourrait-on dire, pré-sociale puisque parfaitement anonyme, rempli la fonction de mère, chargée de mettre au jour l'humanité de Sigismond et d'assurer sa délivrance. Devant elle, désormais, le rebelle le cède à l'enfant, dont la plainte devient humble confidence dans la confiance. Surgissent les premières réminiscences de sa mémoire humaine, peu à peu dégagée de la vie minérale, végétative et animale qui était la sienne. Souvenirs sans haine, ils évoquent une noble compassion pour soi-même, la pitié d'un précepteur ami et non geôlier, l'invention des lois musicales d'une nature harmonieuse. Mixte monstrueux, le fauve parmi les hommes se découvre peu à peu, parmi les fauves, homme par son pouvoir, jusque-là occulté, de remémoration, par cette capacité, qui fera tout son itinéraire, de savoir tout tirer de sa propre expérience.

Las, celle-ci reste par trop fragmentaire. À peine libéré des blocages engendrés par une incarcération sans raison, voici Sigismond prêt à se livrer à cette nouvelle forme d'emprisonnement qu'est le ravissement amoureux. Proprement captivé par la beauté de l'inconnu(e), ne sachant pas encore que les chaînes du désir sont aussi lourdes à porter que celles de la censure, il veut, sans nulle retenue, substituer à l'éternité de son malheur présent l'éternité du bonheur à peine entrevu. Il ne veut plus quitter le paradis de la fusion première, quand les êtres s'interpénétraient dans la transparence immédiate de leurs consciences offertes. Il voudrait que le miroir de Rosaure fût maintenant sans tain, que cette sœur fût à la fois la mère au sein de qui boire éternellement, la femme du giron de qui l'on ne voudrait jamais sortir. Il n'a plus affaire, cette fois, au regard surplombant de la divinité spoliatrice, ni même au regard médusant du témoin profanateur. Il est, de lui-même, la proie d'une fascination, et le regard hypnotisé de ses yeux hydropiques dit assez sa reddition totale à la tyrannie de l'af-

fectivité, le choix fait d'une mort dans l'assouvissement après avoir vécu la mort par la privation.

Mais cette félicité absolue n'est qu'un mirage. Rosaure n'y saurait répondre, qui peut seulement substituer à cette impossible communion amoureuse l'offre d'une communauté fraternelle dans l'épreuve. Clothalde, surtout, n'y saurait consentir, qui vient arracher l'amant éperdu à son rêve, hors du temps, d'une union parfaite pour plonger à nouveau le reclus dans le cauchemar, sans limites temporelles, d'une violence aveugle. Quelque chose d'irréversible, pourtant, a eu lieu. Sigismond peut bien être repris par ses pulsions suicidaires ; il sait, désormais, en réponse à la générosité sans faille de Rosaure, en faire une arme protectrice et non plus seulement agressive. De solitaire, il est devenu solidaire. Et si, comme on l'a fait souvent remarquer, la jeune femme parvenue aux confins du royaume constitue bien la première inconnue de l'équation basilienne, la seconde en est à coup sûr ce Sigismond nouvellement né et bientôt rendu à sa férocité d'homme-fauve exclu sans pitié du vert paradis des amours enfantines. Jointes à la troisième — celle de la révolte populaire —, elles brouilleront la trompeuse démonstration de ceux, trop humains, qui sont à l'origine de tant de malheur(s).

Le moment est venu, désormais, de monter jusqu'au palais des tyrans, je veux parler de ces deux figures paternelles, si proches et parfois si différentes, que sont Basile et Clothalde.

Basile le Sage ou le stoïcien pervers

L'un et l'autre, monarque et ministre, ont en effet en commun leur condition de géniteurs d'enfants indési-

rables réunis pour un crépuscule aux lisières d'un royaume qu'ils gouvernent sans partage. Commun est leur déni de paternité, commun leur refus d'une postérité où ils ne veulent voir que la marque de leur dépendance, la menace — pour eux tyrannique — que ces enfants font peser sur leur domination personnelle. Et si l'on choisit ici, contre l'ordre de leur apparition sur scène, de commencer par la personne royale, ce n'est pas en vertu d'une quelconque hiérarchie politique; c'est que, de par sa position exceptionnelle d'homme placé au-dessus de la société, Basile incarne avec une intensité particulière l'angoisse paternelle à son niveau originel, qu'il figure dans toute sa pureté le complexe de Laïos, quand, à l'inverse des désirs œdipiens, triomphent les pulsions infanticides.

Celles-ci, bien sûr, ne sont pas reconnues comme telles, même si, dans son admirable discours-démonstration du deuxième tableau de l'acte I, le roi-savant nous en livre, comme inconsciemment, les racines. On l'y voit dévoiler son projet vital, cette aspiration, par la connaissance des subtiles mathématiques, à établir son empire sur le temps, à l'abolir en le prenant en quelque sorte de vitesse, en télescopant par anticipation présent et futur, afin d'assurer sa supériorité sur l'événement et de parvenir à s'abstraire de l'histoire. Et l'on n'a guère de peine à reconnaître, dans cette volonté de fuite hors de la contingence par l'effet souverain de la pensée vue comme seul lieu de libération intérieure, le fondement même du stoïcisme.

Cependant, source d'héroïsme pour les Anciens, le stoïcisme n'est pour Basile qu'une façade, qui cache mal les passions qui l'habitent et qu'un mot résume : la peur. Peur de la génération, qui lui fait transformer la nais-

sance du prince en une apocalypse sanglante, audacieusement évoquée par la relation établie entre la mort du dieu-parent et le calvaire du Fils de Dieu, significativement coupé de toute résurrection. Peur du sang, surtout, que dit, tout autant que son refus de l'amour, sa peur panique de la mort. Dans sa quête d'une éternité quasi divine, il ne repousse pas seulement la loi même de la nature, qui est transmission par le sang de la vie et veut que l'ancien se perde pour que puisse surgir le nouveau. Il apparaît aussi comme irrésistiblement fasciné par l'image de sa propre mort. Sous le coup de l'hypnose imaginative qui lui est propre, il en vient à voir partout ce trépas sanglant dont il oublie trop que les étoiles mêmes n'ont pas parlé. Plus encore, l'obsession du sang provoque en lui, proches des fantasmes ensanglantés qui peuplaient son récit de la venue au monde de l'infant, de véritables hallucinations. Ainsi, au deuxième acte, lorsqu'il se décidera enfin à paraître aux yeux du prince, c'est en des termes surprenants qu'il dépeindra le meurtre du serviteur défenestré. Au lieu d'un mort invisible et proprement disloqué dans les eaux marines de Pologne, son imagination envoûtée inventera un poignard, puis découvrira, contre toute réalité, une place couverte de sang, où sa mémoire médusée par l'horoscope mal interprété ne peut plus lire que l'annonce de sa propre fin. Quel avilissant spectacle que ce vieillard au comble de l'égarement et tout entier repris par cette nature dont il désirait s'abstraire, puisque, confesse-t-il lamentablement, « le plus fort en effet obéit à sa nature » (p. 74) ! Quelle déchéance pour un roi de ne savoir pas affronter le péril de la mort, lui qui devrait être, primus inter pares, le premier seigneur entre les seigneurs !

Traître à son sang et impuissant à se faire à lui-même

la moindre violence, il ne restera plus à Basile, afin d'atteindre à la sérénité, qu'à exercer sa violence sur les autres. Qu'à répondre par un terrorisme d'État totalitaire à la terreur qui suscite en lui la tyrannique fatalité de la paternité. De là sa constante violation des droits d'autrui, qui prendra la forme, pour le dire avec les mots du XVIIᵉ siècle, d'une triple atteinte à l'honneur : honneur de Sigismond, qui lui reprochera de l'avoir « privé de la liberté, de la vie et de l'honneur » (p. 75) ; honneur de la Pologne et de son peuple, orphelin de son seigneur naturel et laissé, par une impardonnable cécité politique, hors de toute information et de tout contrôle ; honneur, tout autant, de l'aristocratie, ici incarnée par Clothalde, le favori doublement trahi par son roi. Un roi qui décide de prononcer le grand discours du trône de l'acte I, où se profile le changement de dynastie au profit d'un prince étranger, sans en avoir référé à son premier ministre. Un roi qui, dans le conseil restreint ouvrant l'acte II, oblige celui-ci, malgré ses très fortes réticences, à mettre en œuvre sa dernière trouvaille, celle, déloyale et déshonorante pour le prince, de l'administration d'un breuvage soporifique.

On comprend que Clothalde, toujours soucieux de préserver la dignité de l'image royale, puisse se désolidariser de cette forfaiture perpétrée par le suzerain auquel il doit obéissance. Car le vieillard régnant, qui n'a des Sages du Portique ni le sens du courage ni la volonté de justice, est un roi tricheur. À preuve la nature ambiguë de l'expérimentation frelatée à laquelle il décide de soumettre son fils, sans lui laisser, dans les faits, la moindre chance de réussite. L'essentiel, à cet endroit, tient dans les différences profondes qui séparent les deux exposés de son dessein : celui, officiel, du premier acte, et celui, secret, du deuxième. *Cette dernière scène nous montre un Basile euphorique, qui jubile en présentant à Clothalde stupéfait le nouveau scénario de son invention. Il ne s'agit plus de prêter un trône à un prisonnier prince d'un jour, mais n'ayant pas connaissance de la vérité de son état civil. Désormais, le prince rétabli sur son trône va connaître et la nature de son rang et la qualité de son sang; lui seront rendus et un roi et un père, mais ce sera pour mieux les perdre, puisque la réalité de cette identité enfin accordée lui sera déniée par l'artifice du rêve.*

La satisfaction de Basile est totale : de cette expérience faussée, l'issue, laisse-t-il entendre à plusieurs reprises, ne fait pas de doute. Vrai cobaye drogué, Sigismond y sera objet manipulé et non sujet agissant. Victime d'un véritable traquenard, il se retrouvera en butte à l'insolence de témoins non expressément avertis des modalités nouvelles de son retour à la cour ainsi qu'à l'hostilité déclarée de courtisans et de prétendants au trône trop heureux d'éliminer ce gêneur. Mais c'est par-dessus tout par le roi lui-même qu'il sera piégé. Par un roi qui a vidé de toute consistance le temps accordé à un prince rendu incapable, en raison de son anesthésie et du mode de transport retenu, d'acquérir la moindre conscience ordonnée de la durée. Par un roi qui, malgré cela, exigera de lui une pleine responsabilité dans la pièce — admirable scène de théâtre au théâtre — qu'il lui fait jouer en s'étant bien gardé de lui en révéler les secrets. Par un roi, encore, dont la mémoire sélective ne verra de son fils que l'acte présent de ses crimes, sans jamais les relier à leurs antécédents. Par un roi, enfin, qui se refusera à donner à son fils l'affection du père très aimant qu'il prétend être. C'est ainsi qu'il retardera systémati-

quement sa rencontre avec Sigismond, le privant, devant une cour hostile, de l'irremplaçable protection paternelle. Et lorsqu'il sera enfin obligé d'intervenir, le roi-juge aura définitivement pris le pas sur le roi-père. Il ne saura pas passer outre son blocage affectif et, contre l'ordre naturel, attendra de Sigismond qu'il fasse le premier geste. Il ne l'appellera jamais du nom d'enfant, mais seulement de celui de prince, et lui refusera ses bras. Aussi pourra-t-il logiquement conclure à l'échec de ce qui n'aura été qu'une comédie organisée par un roi-dramaturge bien persuadé que la vie, comme le théâtre, n'est qu'un rêve : « Eh bien, avant que tu ne voies cela, tu t'en retourneras dormir en un lieu où tu puisses croire que tout ce qui t'est arrivé, parce que c'était un bien du monde, n'a été qu'un songe » (p. 82).

Tel est le dernier coup porté au prince défaillant et peu à peu acculé. À un prince bientôt réenfermé, mais qui n'est plus le même que le prisonnier révolté du début. Ce qu'a réussi à briser en lui le mythe meurtrier du roi son père — « parce que dans le monde, Clothalde, tous ceux qui vivent sont dans un songe » (p. 65) — c'est toute velléité d'action, tout ressort. Le cadeau empoisonné et éphémère de la liberté du corps a conduit à un asservissement de l'esprit. À l'assassinat physique dans les fers s'ajoute désormais la violence plus subtile d'un assassinat psychique, bientôt redoublé de l'assassinat défensif de la guerre civile. Dans le corps gisant à nouveau sur le sol de la tour, le désir est éteint, le cerveau lavé, le cœur empli de déréliction et l'âme de désespérance. Sur ce pantin suicidé, sur ce prince déconstruit, Basile peut bien verser un pleur : il n'a plus rien à en craindre.

Clothalde : loyauté du vassal et carence du père

Quel contraste, à cet égard, entre l'attitude de Basile et celle de Clothalde, lorsque tous deux, dans cette clôture de l'acte II, viennent assister à la réincarcération du prince confondu. Le monarque se présente masqué, comme honteux de sa paternité (ne parle-t-il pas d'une « sotte curiosité » ?) ; il se retire bientôt sur un côté de la scène et peut alors laisser éclater les manifestations de la sensiblerie qui lui tient lieu, tardivement, d'affection, avant que de s'éloigner au comble d'une larmoyante et stérile émotion. Le ministre-précepteur, en revanche, fait face et reste à regarder l'insupportable image de son prince massacré. Empli d'une compassion réelle, mais sans effacer jamais l'erreur ni l'éviction impitoyable qui en découle, il sait trouver pour son élève anéanti de vraies et viriles paroles qui sont tout à la fois consolation et conseil : « car même dans les songes, Sigismond, on ne perd rien à faire du bien » (p. 94). De la sorte, il donne un nouvel exemple de son indéfectible loyauté de féal entièrement dévoué, quelles que soient les personnes et les circonstances, au principe et à l'image monarchiques. De là la perfection de son amour de vassal pour le prince : il révérera toujours en lui la qualité de son sang royal ; il refusera toujours de le voir dégradé et sera le seul, dans l'épisode de la comédie du château, à revenir à la charge pour essayer de le raisonner ; il saura, pareillement, s'agenouiller pour ne point avoir à porter sur lui une main sacrilège, le protéger, encore, de la menace de la fine lame du prétendant moscovite... De là, tout autant, sa fidélité sans défaut envers le seul monarque *légitime à ses yeux, Basile, son roi : il repoussera sans hésitation l'invitation à le servir que lui fera Sigismond au sortir de sa geôle, ce qui lui vaudra, au dénouement, d'occuper, à nouveau, la place du favori auprès du jeune monarque. Récompense suprême, mais récompense méritée par ce serviteur sans pareil de la monarchie, Atlante irremplaçable d'une royauté issue de sa classe, âme du régime et gardien de son honneur contre les déviances absolutistes et les menaces populaires : tel est Clothalde, archétype de la vassalité.*

Il n'en demeure pas moins un hors-la-loi de la paternité. Retranché héroïquement derrière son devoir féodal comme le roi-juge l'était lâchement derrière le bien de son royaume, il fera, à sa ressemblance, triompher en lui le personnage public sur le personnage privé. Car son non-aveu de paternité le conduit pareillement, vis-à-vis de son enfant, à une triple tentative d'assassinat. La première a eu lieu dans le passé lorsque, frappant Rosaure du stigmate d'illégitimité dans la clôture d'une lointaine tour de l'oubli, il l'a livrée comme une proie sans défense, parce que privée de tout honneur, à Astolphe, l'abuseur de Moscovie. La seconde se produit vingt ans après lorsque, comme Basile et le même jour, il récupère son enfant pour la soumettre peu après, par le biais d'un déguisement (Rosaure sera Astrée, sa nièce), à une expérimentation limitée dans le temps et doublée de la menace d'un retour en exil (le couvent). La chance qu'il donne d'abord à l'inconnu(e) n'est à vrai dire qu'un guet-apens, puisque le pardon du roi — il est bien placé pour le savoir — est plus qu'improbable. Mais le hasard en décide autrement, qui sauve d'une mort physique certaine la jeune femme, aussitôt condamnée par son propre père à la mort sociale de l'anonymat. Si Clo-

*thalde, en effet, se refusait en un premier temps à recon-
naître — c'est-à-dire à déclarer comme tel — le personnage de son fils, plus rien par la suite ne justifie qu'il ne
reconnaisse pas sa fille et préfère, tel Basile, la collatéra-
lité de l'oncle à la filiation directe du père. À moins qu'il
choisisse de ne voir en Rosaure qu'une «colporteuse de
désastres» (p. 66), susceptible de ruiner son empire de
favori, maître de la cour et de son univers, et partant
porteuse, à terme, de sa mort sociale. À partir de là, ira
croissant en lui, avec l'inquiétude suscitée par les retom-
bées du probable échec de Sigismond, la détermination
d'éliminer, au besoin physiquement, cette trop indési-
rable métèque. Ainsi, l'enfermement abusif du valet
Clairon dans la tour-prison préfigurera-t-il sa décision
de confiner dans le silence et la réclusion d'un couvent-
sépulcre sa trop encombrante progéniture. La poussant
au désespoir, il la conduira pour la troisième fois vers
une mort programmée, celle d'un attentat-suicide contre
le futur monarque légal et officiel époux d'Étoile,
Astolphe.*

*Le cercle se referme : malgré tout ce qui les sépare, Clo-
thalde et Basile, en tant que personnages paternels, sont
à loger à la même enseigne. Pères désincarnés, ils évitent
l'un et l'autre de courir le risque de la vie, qu'ils font
prendre insidieusement aux êtres issus de leur chair.
Géniteurs désemparés, ils se refusent à continuer leur
création et, reniant délibérément leurs enfants, voudraient rompre les chaînes de la libéralité qu'implique le
don d'une vie qu'on ne peut donner pour l'ôter ensuite.
Non sans qu'ils n'en ressentent, d'ailleurs, une extrême
souffrance, que traduit leur commune et coupable inca-
pacité au bonheur. Basile, fasciné par son néfaste horoscope, a perdu jusqu'au souvenir même de l'existence de*

la félicité; Clothalde, lui, serait près par deux fois d'y aborder enfin, pris dans l'élan d'une affection qu'il avait cru juguler à jamais. Mais le cœur de l'un reste désert, et prisonnier le cœur de l'autre. Leur choix existentiel du refus de la vie s'est mué en immobilité, en un immobilisme et en un blocage séniles sur lesquels le jeune Calderón jette, aristocratiquement, un regard impitoyable. Car il sait, et veut nous dire, qu'il n'est pour un vrai noble de véritable vie que s'il accepte, pour la sauver, de la perdre ou de se perdre. Clothalde en a bien conscience, mais ne parvient à le dire que dans l'aparté où il reconnaît, enfin, sa fille (p. 109). Rosaure, elle, n'en reste pas, en ce début du troisième acte, à la seule prise de conscience : s'arrachant une fois encore à la tentation de la résignation à quoi la réduisait son personnage d'Astrée la nièce, elle sent bien que, dans sa solitude radicale, elle n'a d'autre ressource que de se perdre. Aussi, délestée pour toujours du poids de sa famille, rompt-elle toutes les amarres et, enfourchant à nouveau un coursier, entreprend-elle, pour l'éclatante exaltation de soi, un combat dont tout lui dit qu'il est sans espoir. Sans espoir, à moins que son moi solitaire ne se fasse passionnément solidaire du prince, son frère.

Le palais dont le prince est un enfant

Nous avions laissé Sigismond à l'état naissant quand, riche de sa première expérience de bonheur absolu autant que rendu à l'absolu du malheur, l'homme peu à peu découvert sous le costume de la bête en revêtait à nouveau la peau et se faisait fauve, non plus envers lui-même, mais pour Rosaure et contre Clothalde. *Arraché au plaisir érotique et à l'alme tendresse du sein frater- nellement maternel de l'inconnu, le petit d'homme avorté semble n'être plus alors que la brute. Une brute sur laquelle, pourtant, ne se referme pas la tour, bientôt remplacée par la violence perturbatrice du poison. Ce sera donc un être à peine hominisé qui sera transporté dans un palais de verre ; ce sera donc dans un état d'ex- trême passion que ce fauve, qui voudrait tant être un homme, abordera pour la première fois la société des hommes, qui sont aussi des fauves.*

De cette longue séquence de l'épisode palatin qui occupe toute une moitié de l'acte II, on connaît l'issue prévisible et fatale. Pour rendre raison de cet échec, on voudrait pouvoir ici en analyser en détail les circons- tances (le défilé savamment ordonné des autres : vas- saux, pairs, père qui n'est qu'un roi ; puis la rencontre avec l'autre-femme, avant le retour des autres et le ren- fermement) ou en décrire les diverses modalités (les manifestations d'une inconduite où se mêlent, typiques du comportement d'un enfant mis brutalement en posi- tion d'affronter le monde des adultes, innocence et inso- lence, maladresse et astuce, justesse et injustice, timidité et témérité, assurance et insécurité). Mais on ne pourra que dire la racine, le pourquoi de cette adolescence ratée, que Sigismond vit comme l'histoire de la découverte d'une réalité progressivement empoisonnée par le rêve.

Pourtant, au départ, nul doute en lui au moment où il s'éveille dans la féerie de la cour. Son corps parle immédiatement et ses yeux lui suffisent, qui l'assurent contre toute question suggérée par sa mémoire. *Je vois, donc je suis,* proclame-t-il en substance. Néanmoins, l'affirmation de ce cogito sigismondien, si elle lui per-

met de conjurer à peu de frais son appréhension première, ne suffit pas à l'abolir : le prince ne peut oublier
que Rosaure lui a été ravie, que la félicité est chose éphémère. Il a beau, pour vaincre ce sentiment d'insécurité,
défier le ciel puis agresser Clothalde, qu'il fige injuste-
ment dans son seul rôle de geôlier, il n'en entend pas
moins l'avertissement loyal mais délétère de son précepteur (« Malheur à toi, qui manifestes cette arrogance
sans savoir que tu rêves », p. 69), cette mine creusée
dans les fragiles fondations de son château en Pologne.
La crainte l'envahit de ne vivre qu'un rêve, à quoi
s'ajoute l'angoisse d'abandon de qui vient de perdre son
seul véritable ami. La dépression le guette. Bravades,
impertinences, indécences et, finalement, violences, pour
partiellement justifiées qu'elles puissent être comme
réponse à l'agressivité ou à l'indifférence des autres, ne
feront qu'accentuer sa solitude. C'est seul qu'il se retrouvera pour affronter le roi son père. Un instant il pourra
croire triompher du vieillard caduc et tremblant venu à
sa rencontre. Mais Basile en déroute lui décochera la
flèche du Parthe en lui rappelant la réalité de sa triste
condition antérieure soudainement rapprochée de la fragile actualité de son pouvoir. Comprenant que l'auteur
de son malheur passé est en même temps celui de sa puissance présente, Sigismond est étreint de l'angoissante
conscience de la précarité de ce moment, dont il sait
désormais que l'attribution et le retrait lui échappent.
Basile, rasséréné, peut alors enfoncer dans la plaie bien
ouverte le dard de son mythe assassin : « parce que peut-
être es-tu en train de rêver, bien qu'il te semble être
éveillé » (p. 76). Suprême habileté de ce « peut-être », qui
entretient savamment la confusion entre la veille et le
rêve chez un prince trop vulnérable. Le coup porte. Sigis-

mond vacille et décroche, et, pour la première fois depuis son réveil, se réinterroge. La frêle évidence de sa première vue aurait besoin d'être étayée par l'assurance d'un regard réflexif. Mais le moment n'est pas encore venu, et immédiate est la fuite devant le péril de la réflexion. Il ne reste plus au prince qu'à se pincer et à formuler un nouveau cogito : «Je crois, donc je suis», acte de foi aveugle à l'heure où tout chancelle dans la brume du rêve, lorsque tous fuient le fauve et le réduisent à la jouissance solitaire d'un empire sans objet.

Alors, dans le désert d'un palais qui ressemble à un mirage, la parenthèse du pouvoir peut se refermer, et commencer le deuxième cycle de l'épisode palatin. Sigismond s'y livre à une rêverie propre à dissiper l'amère saveur d'une principauté avortée. Tout à l'évocation de la créature en qui se résume pour lui l'entière beauté du monde — la femme —, voici que se présente à ses yeux l'inconnue, lumière de sa vie. Le miracle de la caverne, se demande-t-on, va-t-il se reproduire, et la re-naissance de l'homme sauver le prince en péril? On pourrait le croire quand on voit, un moment, l'homme ressusciter dans le prince en perdition. Rien, pourtant, n'est pareil. La dame, cette fois, se dérobe et, sans le savoir, le blesse mortellement. Niant être Rosaure, elle ruine du même coup tout ce qui lui reste de certitude. Si Astrée en effet n'est pas l'inconnue, alors, pour Sigismond, tout s'écroule, tout est rêve, la grotte et le palais, le palais et la grotte. De la nuit de ses sens et du non-sens, dont il se croyait à jamais délivré, Sigismond comprend qu'il n'est jamais sorti. La rage le reprend, que redoublent l'affront de la dame et le démenti du précepteur venu redire la terrible vérité basilienne («car il se peut que ce soit un songe», p. 80). La fin est proche. L'adolescent quitte *lamentablement la scène de la comédie au château où ne résonne plus que l'écho de son ultime et vaine rodomontade. Déroute totale du corps et du cœur : Sigismond n'aura pas besoin d'entendre les dernières paroles de Basile ; c'est sans résistance qu'il boira le somnifère que lui prépare le savant apothicaire. Il sait bien, désormais, que la vie est un songe.*

Le prince de Pologne en sa tour aboli

Là, pourtant, ne s'arrêtent pas les acquis de son expérience palatine. Il a pu comparer la vraie et la fausse loyauté des vassaux et pénétrer la nature d'un juste rapport entre le monarque, source de l'honneur, et ses sujets ; il a pu constater l'isolement où l'a réduit son despotisme ; il a eu, surtout, l'occasion de se rendre compte que son malheur n'était plus frustration absurde mais privation provoquée en grande partie par son propre comportement. D'un mot, il a fait la découverte du principe de conservation — que d'aucuns appelleraient le principe de réalité — et a pris conscience, face au mode vertigineux et ruineux du choix de l'instantané, de la nécessité du détour. En sorte que sa mémoire, douloureusement enrichie des souvenirs de sa royauté d'un jour, contient nombre d'éléments propres à lui faire rectifier sa conduite autodestructrice. À nouveau enchaîné dans la tour, il sera tout à fait préparé à entendre la leçon formulée pour lui par Clothalde, l'énoncé de ce principe minimal de survie qui, en deçà même du bien et du mal, permet de préserver l'après : « car même dans les songes, Sigismond, on ne perd rien à faire du bien » (p. 94).

Reste que cet apprentissage, où tant de critiques ont voulu voir l'essentiel du message moral de la pièce et la condition même de la réformation du prince, se situe à un niveau des plus primaires. Sigismond a bien appréhendé les limitations de son être; il a bien appris que pouvoir vivre *ne signifie plus vivre son pouvoir dans l'intensité de l'éphémère. Mais de tout cela il n'a, à vrai dire, rien à faire. Car son seul problème, pour l'heure, est de* vouloir vivre. *Lorsqu'il sort de sa deuxième anesthésie et contemple accablé le spectacle horrifiant de son sépulcre retrouvé, le prince ne peut, en un premier temps, que donner foi à la dure réalité du malheur revenu. Bientôt cependant survient Clothalde, chargé de lui donner le change et qui, bien involontairement, lui fournit un premier moyen d'évasion. Si, comme le lui affirme son précepteur, Sigismond n'a fait que dormir et a donc rêvé le bonheur palatin, pourquoi, se demande-t-il, ne pas dormir encore et échapper ainsi à l'atrocité du réveil? Mettant en équivalence la réalité vigile de la tour et celle du rêve éveillé du palais, le prince peut alors s'embarquer sur les voies lénifiantes de la nostalgie rêvée.*

C'est dans le cadre de cette évasion onirique, et seulement dans ce cadre, que Sigismond acquiesce aux paroles de prudence de Clothalde, avec la perspective plus qu'improbable pour lui, mais vitale pour sa survie affective, d'un nouveau rêve de bonheur. Mais cet adoucissement virtuel ne lui est pas d'un grand secours en cet instant précis où il revit le cauchemar carcéral et s'enfonce dans le noir océan d'une détresse sans limites. Replongé indéfiniment dans l'éternité du malheur, le martyr de Varsovie fait au cœur de sa nuit obscure la découverte paralysante — et nullement illuminante — de la vérité selon saint Basile. Il en reprend jusqu'aux

*termes mêmes et adopte, devant la vie, la même résolu-
tion d'inaction et, devant l'existence, le même refus d'en-
gagement, afin d'atteindre par la démission à l'ataraxie
apaisante, qui est engourdissement dans les bras de
Morphée et triomphe de la pulsion de mort. Comment
lire autrement le fameux monologue qui clôt l'acte II et
dont des siècles de lecture chrétienne ont celé l'hétérodoxie
foncière ? Vie, mort, veille, sommeil, réalité, tout est
brouillé pour tous et aussi pour le prince qui, au dernier
degré de la dépossession de soi, invente pour son moi
désespéré non une morale, mais une technique de consolation. Elle consiste, pour diluer l'épouvante du présent,
à établir une équivalence absolue entre rêve, malheur et
bonheur : rêve présent que la tour, ainsi niée dans son
intolérable réalité; rêve ancien que le palais, qui rend
possible l'échappée vers la félicité originelle; rêve futur,
enfin, qui amenuise par avance — pour en neutraliser
la perte — tout bonheur à venir, puisque « le plus grand
bien est peu de chose, car toute la vie est un songe »
(p. 95).*

Le prince ressuscité

*« Car toute la vie est un songe. » Terrible révélation
que celle-là, mais qui, en même temps, du fait de sa radicale ambivalence, laisse ouverte la porte pour une éventuelle résurrection du prince. Pour celui-ci, en effet, la
mortelle expérimentation palatine n'a pas été un temps
mort. Malgré qu'il en ait, quelque chose en Sigismond
infléchira son actuelle volonté de croire en l'universalité
indifférenciée du rêve selon Basile et le conduira vers
une assimilation plus personnelle entre rêve et bonheur.*

*Sa mémoire, confusément, lui rappellera cette équiva-
lence qui, le moment venu, l'aidera à réentreprendre, au
sein du rêve, une lente reconquête du bonheur.*

*Rien ne le laisse prévoir, pourtant, lorsque le gisant
que n'anime même plus la pulsion guerrière de son sang
royal reste insensible aux accords martiaux de la sol-
datesque venue le délivrer. Sa première réaction, au
contraire, est celle d'une fuite épouvantée à l'idée d'être
à nouveau le cobaye d'une nouvelle expérience de la
cruelle fortune. Très progressivement, cependant, ce
recul horrifié devant la persécution et la malignité du
destin se fait regret d'un bonheur qu'une fausse prudence conseille de repousser. Peu à peu, s'arrachant au
sommeil-songe de la mort et du non-désir, Sigismond se
prend et réapprend à rêver. Et lorsqu'un soldat, en colo-
rant d'une nuance prophétique la nature de fiction de
son rêve antérieur, profère la parole libératrice (p. 100),
le prisonnier peut enfin sortir de la mortelle apathie du
désespoir. Le voilà désormais en mesure de substituer à
la déroutante absence de permanence du rêve fictif pater-
nel la fragile durée du rêve réel filial, à nouveau en état
de se saisir de ce temps offert et de se lancer encore dans
la folle aventure d'un songe.*

*Non qu'il ait oublié le cuisant souvenir du trauma-
tisme palatin, mais parce que resurgit en lui le courage
de vivre, qui lui fait accorder au rêve une consistance de
plus en plus grande et, par là même, lui permet d'en obtenir graduellement la maîtrise, qui n'est autre que la maîtrise de soi. Si bien qu'au fur et à mesure de son
ascension militaire, où s'accentue le poids de réalité d'un
rêve ressemblant de plus en plus à une vision éveillée, il
acquiert la conviction que sa durée, jusqu'à un certain
point, dépend de lui, homme agissant et non plus seule-*

ment objet agi par la fortune. De là son attitude vis-à-vis de Clothalde : face à lui, le fauve épris de vengeance laisse la place à un prince capable de stratégie politique et de générosité ; et lorsqu'il reçoit par deux fois l'agenouillement, déférent jusqu'à la mort, du loyal ministre de son père, Sigismond peut raisonnablement être persuadé d'avoir atteint à un empire qu'il saura, pour autant qu'il lui appartienne, prolonger.

C'est alors, en toute logique dramatique, que s'offre à son regard ébloui l'éclatante amazone de Moscovie. À peine assurée la maîtrise du prince dans le rapport de domination avec les autres, voici l'homme confronté à la difficulté, plus grande encore, de la relation avec l'autre. Or voici que cette jeune femme, à nouveau revêtue de ses habits d'homme, lui tient un étrange discours. Elle entreprend de lui révéler toute l'histoire de chacun des protagonistes du drame qu'il leur a été donné de vivre. Ce faisant, dans le prolongement de sa généreuse attitude de la scène primitive, elle lui offre, par sa parole et sa conduite, deux éclatants modèles de comportement. Elle l'invite, dans l'invocation qui ouvre son récit, à contempler l'horizon de sa gloire possible et l'exhorte à une plus haute naissance de soi, comme divinité, dans la pérennité que construit le regard des autres, garantie de la mémoire de l'avenir. Puis, tracé l'objectif, elle lui découvre, par l'évocation de son propre parcours, la voie pour y parvenir : comme elle, il lui faudra rompre la chaîne ininterrompue du malheur ; comme elle, il devra éviter la tentation de la démission ; comme elle, enfin, il aura à réaliser le suicide de son humanité — jouissance du cœur et des larmes — pour s'élever, par la négation de l'ordre du sentiment, à l'ordre de la gloire. Telle est, fondamentale, la vivante leçon qu'adresse à l'homme qui la contemple Rosaure, l'héroïne de la renommée.

Mais tel n'est pas, dans un premier temps, le message effectivement perçu par un Sigismond fasciné par le corps et les mots qui sortent de la bouche de la jeune guerrière. Ce qu'il en retient le point tout d'abord et le panique. Il voudrait n'avoir pas entendu, n'avoir plus de mémoire, pouvoir refuser tout le poids de vérité d'une réalité qui l'atterre. Car en substituant au « toute la vie est un songe » de Basile le « toute la vie est vérité » hors du piège basilien, Rosaure vient tout simplement de ruiner sans merci la persuasion si chèrement acquise d'une possibilité de maîtrise du rêve. Si « tout est réalité », alors il n'y a plus de rêve de bonheur, que nul comportement ne saurait prolonger. Vérité inacceptable et souffrance indicible pour ce conquérant débouté, et dès lors révolté contre une fortune qu'il juge coupable d'une odieuse traîtrise.

Rétablie la parité basilienne entre vérité et songe, abattu l'édifice temporel si durement échafaudé, abolie la réalité d'un pouvoir dont éclate l'inanité de rêve, Sigismond redevient l'homme de l'immédiateté sur fond d'éternité de malheur. Sortant du cauchemar intérieur où s'effectue sa prise de conscience navrée, il baisse les yeux et reporte son regard sur l'incarnation de cette réalité mensongère qui figure les pauvres vestiges de son rêve avorté. En Rosaure agenouillée, il ne veut d'abord voir, avec toute l'intensité crucifiée de son aspiration au rêve, qu'un objet posé là pour son désir. Mais par tout ce qu'il a vécu depuis la rencontre initiale, par tout ce qu'il a compris au sortir du palais et inventé au sortir de la tour, par son expérience unique de la construction d'un temps onirique, il ne lui est plus possible d'ignorer que *cette jeune suppliante est aussi le sujet offert pour son ascension vers la gloire. Par un ultime dépassement et un sublime renversement d'une prodigieuse dialectique, voici qu'il saisit qu'à l'intérieur du temps vigile — quand «toute la vie est réalité» — l'équivalence entre bonheur et rêve ne se constitue pas dans un rapport de simultanéité mais bien de postériorité, que la succession ne s'établit pas entre la réalité et le rêve mais entre la réalité du bonheur et sa nature de rêve dans l'acte de remémoration. Le voici enfin à même de sortir du dilemme annihilant où voulait l'enfermer son père, de rectifier la pernicieuse hétérodoxie de ses cruelles assertions. Non, il n'est pas vrai que la vie soit un rêve, que «tous ceux qui vivent sont dans un songe»; non, il n'est pas vrai que soient rêvés, absolument, les biens de ce monde. Le malheur, lui, n'est jamais rêve; ce qui l'est, c'est le bonheur dans le souvenir, le bonheur quand il est* passé.

Le prince, qui est aussi un dieu

Suprême et ultime équivalence, où le participe marque un infléchissement décisif, quand le temps enfin retrouvé rend à la vie et à l'homme toute leur valeur et, par là, permet l'établissement de nouvelles valeurs. Pour la première fois, le substitut du mot rêve acquiert dans sa bouche une résonance morale. Mais son vanitas vanitatum *n'a rien de biblique et son rejet de la «vaine gloire humaine» (p. 116) rien de chrétien. Il n'est nulle plongée dans l'abîme du néant de l'homme, dès lors renvoyé à la miséricorde de la divinité. Il est, tout à l'encontre, exaltation de la «gloire divine» du dieu qui vient de naître, c'est-à-dire du prince Sigismond, l'astre naissant que Rosaure appelait de ses vœux et qui dresse, contre les périls conjugués du temps et de la fortune, tout son projet d'immortalité.*

Ici, non plus, nulle fuite hors du temps, nul renoncement au pouvoir, qui est précisément la voie nécessaire vers la gloire. Mais, pour accéder à la condition divine et se libérer à jamais de la tyrannie de l'affectivité, sacrifice radical de son humanité charnelle, meurtre en soi du désir pour que l'homme de sang s'élève à la transparence d'un dieu. Sans un mot à elle adressé, Sigismond parvient enfin à s'arracher à l'objet de sa fascination et abandonne Rosaure éperdue. Puis, devant le désarroi de la vassale qui contemple l'ascension silencieuse de son seigneur, l'homme qui vient de se faire prince se fait aussi verbe, dans le calvaire de sa passion d'éternité. Au plus haut degré de la souffrance (« dans un si cruel tourment », p. 117), il invente un nouveau langage, où la pitié est cruauté, la réponse silence, les paroles actions, le regard non-vision. Langue des mystères de sa divinité, quand la violence n'est plus brutalité mais force tout entière tournée vers soi-même pour la conquête de l'autre, à la veille d'entreprendre, par la générosité, la conquête des autres.

La victoire militaire, en effet, se dessine. Mais lorsque, triomphant, Sigismond reparaît une dernière fois sur une scène qu'il ne quittera plus, il n'a pas encore décidé d'épargner le tyrannique vieillard qui vient — dernier artifice de l'histrion tricheur — s'agenouiller à ses pieds. Le discours qu'il adresse alors à la cour et au peuple est parole pour lui-même tout autant que pour les autres. En repassant toute l'histoire de son aventure, Sigismond découvre à tous et à lui-même l'identité réelle de l'ennemi qu'il poursuit en cet ultime affrontement. Non pas le monarque avili et tremblant qu'il condamne avec une ironie cinglante et maintient fort longtemps dans l'humiliation de son agenouillement; mais, par-delà, dans cet univers où la parole de Dieu n'est plus réellement audible ni ses signes pratiquement interprétables, la fortune aux multiples tyrannies. Cette fortune dont, en accomplissant le geste du parricide vengeur, il se réduirait à n'être, précisément, que l'instrument, se faisant du même coup esclave du passé en cédant à la fatalité de la filialité comme son père avait cédé à celle de la paternité.

*Le prince alors, qui avait su se faire verbe pour Rosaure, peut enfin se faire verbe pour son propre père et accomplir le geste héroïque du pardon. Geste éthique tout autant que politique, il est à la fois renoncement à l'appétit irascible de son sang, pourtant exacerbé par le lamentable spectacle de la lâcheté paternelle, et clémence d'un souverain qui sauve l'image idéologiquement sacrée de la monarchie ainsi que celle de la paternité, conjointement dégradées par Basile. Mieux encore : par l'agenouillement qui le redouble, il est geste métaphysique de libération hors des amarres de l'origine. Basile, pour sa part, peut bien enfin désigner Sigismond du nom de «fils» (p. 123); en cet instant précis c'est Sigismond qui est le père de son père, et donc le père de soi-même. Atteinte par l'éradication du désir la dimension infinie de l'avenir, la récupération intégrale de son passé par Sigismond lui confère à ce moment l'attribut divin essentiel de l'*aséité (a se : «par soi»), celui d'un être qui est à lui-même son propre fondement. Devenu d'abord l'oméga puis l'alpha de lui-même, Sigismond réalise ainsi pleinement la volonté d'être dieu qui est la sienne.*

Dès lors, il peut disposer l'ordre de sa providence, qui est prévoyance et prévision. Ni charité chrétienne, ni magnanimité désintéressée, sa « bonté » sera volonté glorieuse de prouver sa supériorité à soi-même et aux autres et, dans un mouvement de sublimation éthique et politique, moyen de parvenir au plein empire sur les consciences. Réunion d'Astolphe et de Rosaure, mariage avec Étoile et faveurs accordées à Clothalde sont illustrations singulières et suffisamment parlantes de la mise en pratique de ce nouveau code, que vient compléter l'enfermement du soldat rebelle, approuvé par toute une cour fort satisfaite de voir neutralisé ce néant actif qu'est le peuple.

Tel est le paradoxe : l'invention par le héros de sa liberté, pour nous si moderne, s'accompagne de la reprise, dans toute son authenticité, du racisme originel de l'ordre aristocratique. Ce qui, d'un côté, peut nous rendre La vie est un songe *si proche se double, d'un autre, de ce qui pourrait bien nous en éloigner définitivement. La pièce, pourtant, sous une extrême diversité de mises en scène, continue de connaître, auprès des publics les plus divers, un succès considérable et pour ainsi dire jamais démenti. C'est que, par-delà son ancrage historique dans l'Espagne — et dans l'Europe — de l'âge d'or d'une noblesse encore sans mauvaise conscience, Sigismond — le héros caldéronien — incarne intensément cet optimisme douloureux de l'homme qui prend soudain une conscience aiguë de la solitude où le laissent les yeux désormais clos de la divinité, qui tout à la fois le prive de son regard et l'en délivre. Alors, sans plus d'arrière-plan, une fois dominée la terreur de sa liberté nouvelle, cessant de se tourner humblement vers le Père, c'est vers l'avant que se dirige le héros pour fonder, sur sa valeur, les valeurs qui feront vivre les nouvelles générations. Formidable entreprise de construction, et non de démolition, du héros : celui-ci, au cours de la genèse héroïque, se doit de triompher de tous les périls qui menacent l'autonomie de son moi, de vaincre tous les péchés originels que sont les fatalités de la génération, de la naissance, du désir amoureux ou de la volonté de puissance. De là qu'il convienne, contre tant d'interprétations morales réductrices, de rendre à* La vie est un songe *toute sa cohérence et toute sa profondeur mythiques, tout son rang de théâtre fondamental, d'une force esthétique sans pareille et pour nous demeurée inaltérable.*

Marc Vitse

La vie est un songe

Comedia[1] fameuse

PERSONNAGES

ROSAURE, dame.
CLAIRON, valet comique.
SIGISMOND, prince.
CLOTHALDE, vieillard.
ASTOLPHE, prince.
ÉTOILE, infante.
BASILE, roi.
[DES SOLDATS]*.
DES GARDES.
DES MUSICIENS.

* Les crochets désignent ce qui ne se trouve pas dans l'édition *princeps* (Madrid, 1636).

PREMIÈRE JOURNÉE

Au sommet d'une montagne apparaît Rosaure, avec un habit d'homme en tenue de voyage, et elle descend tout en récitant les premiers vers.

ROSAURE : Hippogriffe[1] violent qui as rivalisé avec le vent, où vas-tu, éclair sans flamme, oiseau sans plume chatoyante, poisson sans écaille et bête sans instinct naturel, qui prends le mors aux dents, te traînes à terre et dévales dans le labyrinthe confus de ces roches dépouillées ? Reste donc dans cette montagne ; les bêtes y auront ainsi leur Phaéton[2]. Pour moi, sans autre chemin à suivre que celui que me fixent les lois du destin, aveugle et désespérée je descendrai la tête ébouriffée de cette montagne éminente qui embrase au soleil les plissures de son front. Tu accueilles mal, ô Pologne, un étranger, puisque tu inscris en lettres de sang sur tes sables son arrivée et qu'à peine s'y trouve-t-il, il y trouve des peines. Mon sort le dit bien : mais où vit-on un malheureux rencontrer de la pitié ?

Entre Clairon, valet comique.

CLAIRON : Dis plutôt deux malheureux, et ne m'oublie pas en chemin quand tu te plaindras; car si nous fûmes deux à quitter notre patrie pour courir l'aventure, deux à arriver ici à travers malheurs et folies, et deux à rouler du haut de la montagne, n'est-il pas juste que je déplore d'avoir eu ma part de mécomptes et d'être absent au bout du compte?

ROSAURE : Je n'ai pas voulu te faire une place dans mes plaintes, Clairon, pour ne point te priver, en pleurant tes tourments, du droit que tu as toi-même au soulagement. Un philosophe disait qu'il y avait tant de plaisir à se plaindre que, moyennant l'occasion de se plaindre, il faudrait rechercher les malheurs.

CLAIRON : Le philosophe était un vieil ivrogne. Ah, que ne puis-je lui donner mille et un soufflets! Une fois ceux-ci bien appliqués, il pourrait se plaindre. Mais qu'allons-nous faire, maîtresse, à pied, seuls, égarés et à cette heure sur une montagne déserte, alors que le soleil part pour un autre horizon?

ROSAURE : Qui donc a vu si étranges péripéties? Mais si mes yeux ne sont pas victimes d'une de ces illusions que produit l'imagination à la timide[1] clarté que répand encore le jour, il me semble que je vois un édifice.

CLAIRON : Ou mon désir m'abuse, ou je cerne[2] les indices.

ROSAURE : Rustique, au milieu de roches dépouillées, apparaît un palais si petit qu'il ose à peine regarder le soleil ; l'architecture de l'édifice est d'une fabrique si grossière que l'on dirait, au pied de si hauts pics et de roches si hautes qui touchent le feu du soleil, un bloc qui a roulé du sommet.

CLAIRON : Allons voir de plus près ; car nous avons mieux à faire, maîtresse, qu'à observer si longtemps : nous faire recevoir généreusement par les habitants de cette demeure.

ROSAURE : Sa porte (ou plutôt sa funeste bouche) est ouverte, et ses profondeurs accouchent de la nuit, car elle l'engendre dans ses entrailles.

On entend un bruit de chaînes.

CLAIRON : Ciel ! Qu'est-ce que j'entends ?

ROSAURE : Je suis pétrifiée, statue de feu et de glace.

CLAIRON : Il y a là une chaîne qui tinte joliment. Je veux être pendu si ce n'est pas un galérien, âme en peine. Ma frayeur le dit assez.

Sigismond, en coulisse.

SIGISMOND : Ah, malheureux que je suis ! Ah, infortuné !

ROSAURE : La triste voix que j'entends ! Je suis en proie à de nouvelles peines et de nouveaux tourments.

CLAIRON : Et moi à de nouvelles frayeurs.

ROSAURE : Clairon…

CLAIRON : Madame ?

ROSAURE : Fuyons les horreurs de cette tour enchantée.

CLAIRON : Moi, je n'ai même pas le courage de fuir, lors même que je me le propose.

ROSAURE : N'est-ce pas une petite chandelle que cette étincelle moribonde, cette pâle étoile qui lance, dans ses tremblantes défaillances, des pulsations de feu et des lueurs palpitantes, rendant plus ténébreuse encore l'obscurité de cette demeure ? Oui, c'est cela, car à ses reflets je peux discerner, quoique de loin, une sombre prison qui sert de sépulture à un vivant cadavre et, pour ajouter à mon effroi, je vois gisant là, en habit de bête, un homme chargé de fers, avec la chandelle pour toute compagnie. Puisque nous ne pouvons fuir, nous allons écouter d'ici ses lamentations et savoir ce qu'il dit.

> *On découvre Sigismond, avec une chaîne*
> *et la chandelle, vêtu de peaux de bêtes.*

SIGISMOND : Ah, malheureux que je suis ! Ah, infortuné ! Je veux tirer au clair, ô cieux, puisque vous me traitez de la sorte, quel crime j'ai commis contre vous en naissant ; encore que je n'aie plus à chercher, du moment que je suis né, quel crime j'ai commis : il y a là un motif suffisant à la rigueur de votre sentence, car le plus grand crime de l'homme est d'être né[1].

Je voudrais seulement savoir, pour en finir avec mes tourments — en laissant de côté, ô cieux, le crime d'être né —, en quoi j'ai pu vous offenser davantage, pour être davantage châtié. Les autres ne sont-ils pas nés ? Et du moment qu'ils sont nés, quels privilèges ont-ils reçus dont moi je n'ai jamais joui ?

L'oiseau naît et, à peine la parure qui lui donne une beauté suprême fait-elle de lui une fleur de plume ou un bouquet pourvu d'ailes, que, refusant de s'attendrir sur le nid qu'il laisse à l'abandon, il fend d'un vol véloce les espaces éthérés. Et moi qui ai plus d'âme, j'ai moins de liberté?

Le fauve naît et, à peine son pelage où se dessinent des taches splendides fait-il de lui une constellation d'étoiles (grâce au savant pinceau), que, violent et cruel, il apprend de l'humaine nécessité à être sanguinaire, semant la terreur dans son labyrinthe. Et moi dont l'instinct est meilleur, j'ai moins de liberté?

Le poisson naît, lui qui ne respire pas, rejeton d'algues et d'écumes, et à peine se voit-il sur les ondes vaisseau d'écailles, qu'il tournoie de tous côtés, mesurant l'immensité de toute l'étendue que lui offrent les froides profondeurs. Et moi, plus capable de choix, j'ai moins de liberté?

Le ruisseau naît, couleuvre qui se dénoue parmi des fleurs, et à peine, serpent d'argent, parmi les fleurs faufile-t-il son cours tortueux, qu'il se fait musicien pour chanter la louange des fleurs charitables qui lui donnent accès à la majesté, laissant le champ libre à son départ. Et moi qui ai plus de vie, j'ai moins de liberté?

Arrivé à ce degré d'exaspération, devenu un volcan, un Etna, je voudrais arracher de ma poitrine des lambeaux de mon cœur. Quelle loi, quelle justice, quelle raison est-elle capable de dénier aux hommes un si doux privilège, une si insigne faveur, que Dieu a octroyée au cristal d'une onde, à un poisson, à un fauve et à un oiseau?

ROSAURE : Ses paroles ont fait naître en moi
frayeur et compassion.

SIGISMOND : Qui a entendu mes cris ? C'est Clothalde ?

CLAIRON *[à Rosaure]* : Dis que oui.

ROSAURE : Ce n'est qu'un infortuné — malheur
à moi — qui sous ces voûtes froides a entendu tes
amertumes.

Il l'agrippe.

SIGISMOND : Alors je vais te donner la mort,
pour que tu ne saches pas que je sais que tu sais
mes faiblesses. Rien que pour m'avoir entendu,
entre mes bras puissants je vais te mettre en
pièces.

CLAIRON : Moi, je suis sourd, et n'ai donc pu
t'entendre.

ROSAURE : Si tu es né humain, qu'il me suffise
de me prosterner à tes pieds pour être épargné.

SIGISMOND : Ta voix a réussi à m'attendrir, ton
apparence à m'en imposer, et le respect que tu
inspires[1] à me troubler. Qui es-tu donc ? Car
quoique ici je connaisse si peu du monde, cette
tour ayant été pour moi et berceau et sépulcre ; et
quoique depuis ma naissance (si cela s'appelle
naître) je n'aperçoive que ce désert agreste où je
vis misérablement, vivant squelette, mort pourvu
d'âme ; et quoique je n'aie parlé à nul autre
homme ni n'en aie jamais vu d'autre que celui
qui partage ici mes malheurs, à qui je dois d'être
informé sur le ciel et la terre ; et quoique ici, pour
ajouter à ton effroi et faire de moi à tes yeux un
monstre humain, à ranger parmi les prodiges et

les chimères[1], je sois un humain de l'espèce des fauves et un fauve de l'espèce des humains ; et quoique, au milieu de malheurs si accablants, j'aie étudié la vie en société, enseigné par les bêtes, instruit par les oiseaux, et que j'aie mesuré les orbes des astres souriants, toi seul pourtant, oui toi, tu as retenu le déchaînement de ma fureur, fasciné mes yeux et captivé mon oreille. Chaque regard porté sur toi me captive davantage, et plus je te regarde, plus forte encore est mon envie de te regarder. Je crois bien que mes yeux doivent être hydropiques, car alors que boire c'est la mort, ils boivent toujours plus, et pareillement, voyant que voir me donne la mort, je meurs d'envie de voir. Mais que je te voie et que je meure ! S'il est vrai en effet que te voir me fait mourir, je ne sais, subjugué désormais, ce que ne pas te voir me ferait. Ce serait plus que mort cruelle, fureur, rage et douleur violente ; ce serait une mort[2]. J'en ai fait ressortir ainsi toute la rigueur, parce que donner la vie à un homme malheureux, c'est donner la mort à un homme heureux.

ROSAURE : Frappé d'effroi à te voir, de stupeur à t'entendre, que pourrais-je te dire, quelle question te poser ? Je dirai seulement que le ciel aujourd'hui m'a conduit par ici pour que j'y sois consolé, si ce peut être une consolation pour qui est malheureux de voir quelqu'un plus malheureux que lui. Un jour, à ce que l'on raconte[3], un sage se trouvait si pauvre et démuni qu'il ne subsistait que grâce à des herbes qu'il mangeait. « Est-il possible — disait-il à part soi — qu'il existe quelqu'un de plus pauvre et plus à plaindre que moi?» Et lorsqu'il se retourna, il trouva la réponse, voyant qu'un autre sage ramassait derrière lui les feuilles qu'il avait jetées. Moi j'allais par le monde maudissant la fortune, et alors que je disais à part moi : «Est-il possible qu'il existe une seule personne que le sort harcèle davantage?», tu viens de m'apporter une réconfortante réponse, car reprenant mes esprits je découvre que mes peines, pour t'en faire des joies tu les aurais volontiers ramassées. Et pour le cas où mes peines pourraient te soulager en partie, écoute-les attentivement, et prends-en ce que j'aurai de reste. Je suis…

CLOTHALDE, *en coulisse* : Gardes de cette tour qui, endormis ou lâches, avez livré passage à deux personnes qui ont forcé l'entrée de la prison…

ROSAURE : J'éprouve une nouvelle angoisse.

SIGISMOND : C'est Clothalde, mon geôlier. Je ne suis pas au bout de mes malheurs.

CLOTHALDE, *en coulisse* : … accourez et, avec diligence, sans qu'ils puissent se défendre, arrêtez-les ou tuez-les.

TOUS, *en coulisse* : Trahison !

CLAIRON : Gardes de cette tour, qui nous avez laissés entrer ici, puisque vous nous donnez à choisir, il est plus facile que vous nous arrêtiez.

> *Entrent Clothalde avec une arquebuse et des soldats, tous le visage masqué.*

CLOTHALDE : Masquez-vous tous le visage, car il importe de veiller, tant que nous sommes ici, à ce que nul ne nous reconnaisse.

CLAIRON : Tiens, des masques de Carnaval ?

CLOTHALDE : Ô vous qui dans votre ignorance avez franchi les bornes et les limites de ce lieu interdit, enfreignant le décret du roi qui ordonne que nul n'ait l'audace de chercher à voir le prodige qui gît là parmi ces rochers, rendez vos armes et vos personnes, ou bien ce pistolet, aspic de métal, crachera le venin pénétrant de deux balles dont le feu retentissant sera le scandale de l'air !

SIGISMOND : Avant que tu ne les malmènes et n'attentes à leur personne, tyrannique gouverneur, ma vie servira de trophée à ces liens misérables dans lesquels, vive Dieu, de mes mains et de mes dents je veux me réduire en lambeaux, au milieu de ces roches, plutôt que de consentir à leur malheur et de pleurer leurs outrages.

CLOTHALDE : Ne sais-tu pas, Sigismond, que tes malheurs sont si grands qu'avant de naître tu mourus, par décret du ciel ? Ne sais-tu pas que ces chaînes sont là pour que tes fureurs arrogantes trouvent un frein qui les retienne et une bride qui les arrête ? À quoi bon cette forfanterie ? Fermez la porte de cette étroite prison ; faites-l'y disparaître.

> *Ils referment la porte sur lui, et il dit en coulisse :*

SIGISMOND : Ah cieux, que vous faites bien de m'enlever la liberté ! Parce que je serais contre vous un géant, capable, pour aller briser ces verres et ces cristaux qui font l'éclat du soleil, de dresser sur des assises de pierre des montagnes de jaspe[1].

CLOTHALDE : C'est peut-être pour que tu en

sois empêché que tu souffres aujourd'hui tant de maux.

ROSAURE : Venant de voir à quel point l'orgueil t'a fâché, je serais malavisé de ne point te demander humblement d'épargner une vie qui est à tes pieds prosternée. Laisse-toi toucher par la déférence que je te montre, car ce serait le comble de la rigueur que nul geste, ni d'orgueil ni d'humilité, ne trouvât grâce à tes yeux.

CLAIRON : Et si ne peuvent te fléchir Humilité et Orgueil, ces personnages qu'ont fait s'agiter en tous sens mille *autos sacramentales*[1], moi qui ne suis ni humble ni orgueilleux, mais un composé des deux comme viande entrelardée[2], je te demande de nous tirer d'affaire et de nous protéger.

CLOTHALDE : Ho, vous autres !

LES SOLDATS : Seigneur ?

CLOTHALDE : Ôtez-leur à tous deux leurs armes et bandez-leur les yeux, pour qu'ils ne voient pas comment ni d'où ils sortent.

ROSAURE : Tiens, voici mon épée ; c'est à toi seul qu'elle doit être remise, car enfin tu es de tous le premier par le rang, et elle ne saurait se rendre à moins valeureux que toi.

CLAIRON [*à un soldat*] : La mienne est telle qu'elle peut être donnée au plus médiocre ; prenez-la, vous.

ROSAURE : Et si je dois mourir, je veux te laisser, en témoignage de ma déférence, ce gage qui a tiré tout son prix du possesseur qui un jour la ceignit. Je te recommande de la conserver précieusement, car quoique je ne sache à quel secret elle peut conduire, je sais que cette épée dorée ren-

ferme de grands mystères[1], car ce n'est qu'en me
fiant à elle que je viens en Pologne me venger
d'un outrage.

CLOTHALDE *[à part]* : Juste ciel ! Qu'est-ce là ?
Voici que redoublent mes peines et mes angoisses,
mes tourments et mes afflictions. *[Haut :]* Qui te
l'a donnée ?

ROSAURE : Une femme.

CLOTHALDE : Comment s'appelle-t-elle ?

ROSAURE : Je dois taire son nom.

CLOTHALDE : D'où déduis-tu maintenant ou
comment sais-tu qu'il y a un secret dans cette
épée ?

ROSAURE : Celle qui me l'a donnée m'a dit :
« Pars pour la Pologne et mets tout en œuvre,
ingéniosité, calcul ou stratagème, pour que les
nobles et les grands voient que tu portes cette
épée, car je sais qu'il s'en trouvera un parmi eux
pour t'accorder faveur et protection. » Et si elle
ne voulut pas alors le nommer, c'est à l'idée qu'il
pouvait être mort.

CLOTHALDE *[à part]* : Que le ciel me vienne en
aide ! Qu'entends-je ? J'en suis encore à me
demander si pareilles péripéties sont illusions ou
réalités. Cette épée est celle que j'avais laissée à la
belle Violante[2], en signe que celui qui la porterait
au côté serait sûr de trouver en moi l'amour
qu'on a pour un fils et la tendresse d'un père.
Alors que faire, malheureux que je suis, dans un
si cruel embarras, quand celui qui la porte en
quête de faveur pour sa mort la porte, puisque
c'est frappé d'une sentence de mort qu'il arrive à
mes pieds ? Quel singulier embarras ! Quel funeste

destin ! Quel sort inconstant ! C'est là mon fils, et
ce signe concorde bien avec les démonstrations
de mon cœur qui, voulant le voir, heurte à la
porte de ma poitrine et y bat des ailes[1], et ne pou-
vant briser les cadenas, fait comme celui qui est
enfermé et qui, entendant du bruit dans la rue, se
précipite à la fenêtre ; et pareillement mon cœur,
comme il ne sait pas ce qui se passe et entend le
bruit, va aux yeux se pencher, ces yeux qui de ma
poitrine sont les fenêtres par où il sort sous forme
de larmes. Que faire ? Que le ciel me vienne en
aide ! Que faire ? En effet, le conduire au roi c'est
le conduire — ah, l'infortuné ! — à la mort ;
quant à le cacher au roi, je ne puis, selon l'hom-
mage juré. L'amour de moi-même d'une part, et
la loyauté d'autre part, me plient à leur loi. Mais
comment hésiter ? La loyauté envers le roi ne
passe-t-elle pas avant la vie et avant l'honneur ?
Alors, que la loyauté soit sauve et que lui[2] soit
perdu. Outre que, si je considère à présent qu'il a
dit venir se venger d'un outrage, un homme qui a
été outragé est infâme ; il n'est donc pas mon fils,
il n'est pas mon fils et n'est pas de mon noble
sang. Mais si pourtant est survenu l'un de ces
périls que nul jamais n'a évités, parce que l'honneur est d'une matière si fragile qu'un seul geste
le brise ou qu'un souffle le ternit, que faire d'autre
pour qui est noble, quoi d'autre qui soit en son
pouvoir que de venir comme il l'a fait, au prix de
tant de risques, le recouvrer ? C'est mon fils, il est
de mon sang, puisqu'il est si valeureux ; aussi,
entre un doute et l'autre, le moyen le plus expé-
dient est-il que j'aille voir le roi en lui disant que

c'est mon fils et qu'il le tue ; peut-être ce zèle même à servir mon honneur pourra-t-il capter sa bienveillance, et si j'obtiens que mon fils ait la vie sauve, je l'aiderai moi-même à venger son outrage. Mais si le roi persiste dans sa rigueur et lui inflige la mort, il mourra sans savoir que je suis son père. *[À Rosaure et Clairon :]* Venez avec moi, étrangers. Ne craignez pas, non, ne craignez pas que vous manque un compagnon d'infortune, car dans pareille incertitude entre vivre ou mourir, je ne sais laquelle est la plus grande[1].

> *Ils sortent. Entrent d'un côté Astolphe avec une escorte de soldats, et de l'autre Étoile avec des suivantes. De la musique retentit.*

ASTOLPHE : Joliment, ayant vu l'éclat sans pareil de ces rayons[2], comètes apparues, les tambours et les trompettes, les oiseaux et les fontaines confondent leurs salves[3] dissemblables ; à ton apparition céleste ils sont devenus, dans une égale harmonie et par un prodige extrême, les uns clairons de plume[4], les autres oiseaux de métal ; et de la sorte, madame, les balles saluent en vous leur reine, les oiseaux Aurore, les trompettes Pallas[5], et les fleurs la déesse Flore ; car vous êtes, narguant le jour que déjà exile la nuit, Aurore pour le visage radieux, Flore pour le charme paisible, Pallas pour l'air martial, et reine pour l'empire sur mon cœur.

ÉTOILE : Si les paroles des hommes doivent se rapporter à leurs actes, vous avez mal fait de prononcer de si galants compliments en un lieu où risque de vous démentir tout ce déploiement

guerrier que je suis déjà bien hardie d'affronter,
car les douceurs que j'entends de vous ne s'accordent pas, à ce qu'il me semble, avec les rigueurs
que je vois ; et prenez garde que c'est un acte vil,
qui ne sied qu'à une bête sauvage, qui engendre
perfidie et traîtrise, que de caresser avec la
bouche et de tuer avec l'intention.

ASTOLPHE : Vous êtes bien mal informée, Étoile,
pour mettre en doute la sincérité de mes compliments, et je vous supplie de m'écouter défendre
ma cause ; voyons si je sais le faire. Eustorge Troisième, roi de Pologne, mourut en laissant pour
héritier Basile, ainsi que deux filles dont vous et
moi naquîmes ; sans vouloir lasser l'attention par
ce qui n'a que faire ici, Clorilène[1], votre mère que
je vénère, qui dans un meilleur royaume à présent a pour dais le firmament, fut l'aînée, dont
vous êtes la fille : la seconde, notre mère et tante
respectivement, fut la gracieuse Récismonde
(Dieu la garde mille ans) ; elle se maria en Moscovie, et j'en suis issu. Il convient maintenant de
reprendre autrement, par le début. Basile, plié
désormais à la loi commune des injures du temps,
ressentant plus d'inclination à l'étude que d'at-
trait pour les femmes, est devenu veuf sans des-
cendance, et vous et moi prétendons à cet État.
Nous alléguons, vous que vous êtes fille d'une
sœur aînée, moi que je suis né mâle et que, même
fils d'une sœur cadette, je dois vous être préféré.
Nous avons fait part à notre oncle de votre intention et de la mienne ; il a répondu qu'il voulait
nous mettre d'accord, et nous avons fixé l'entrevue à ce jour en ce lieu. C'est dans cette intention

que j'ai quitté la Moscovie et sa terre ; dans cette
intention que je suis venu jusqu'ici, non pour
vous faire la guerre, mais pour que vous me la fas-
siez à moi[1]. Oh, plaise à Amour, dieu plein de
sagesse, que le vulgaire, cet astrologue perspicace,
soit bon prophète pour nous deux et qu'à l'issue
de cet arrangement ce soit vous qui soyez reine,
mais reine de mon âme captive, recevant ainsi,
pour plus de gloire, de notre oncle sa couronne,
de votre valeur ses triomphes et de mon amour
son empire !

ÉTOILE : De tant d'obligeance et de noblesse
mon cœur me porte à ne pas être en reste, car
l'impériale couronne, rien que pour la faire
vôtre, je serais heureuse qu'elle fût mienne ; mon
amour cependant n'est pas rassuré quant à votre
ingratitude, dès lors que tout ce que vous dites
reçoit un démenti, je le crains, de ce portrait que
je vois pendu sur votre cœur.

ASTOLPHE : Je me fais fort de m'en justifier, mais
tous ces instruments sonores, annonçant que le
roi arrive avec son conseil, ne m'en laissent pas le
loisir.

> *Roulements de tambours. Entre le roi
> Basile, vieillard, avec sa suite.*

ÉTOILE : Savant Thalès...
ASTOLPHE : Docte Euclide[2]...
ÉTOILE : ... qui au milieu de constellations...
ASTOLPHE : ... qui au milieu d'étoiles...
ÉTOILE : ... aujourd'hui gouvernes...
ASTOLPHE : ... aujourd'hui résides...
ÉTOILE : ... et qui décris...

ASTOLPHE : ... et qui mesures et calcules...

ÉTOILE : ... leurs trajectoires,...

ASTOLPHE : ... leurs traces,...

ÉTOILE : ... souffre que pour l'enlacer humblement...

ASTOLPHE : ... souffre que pour les embrasser tendrement...

ÉTOILE : ... je sois lierre de ce tronc.

ASTOLPHE : ... je me trouve à tes pieds prosterné.

BASILE : Venez dans mes bras, mon neveu et ma nièce, et puisque, vous rendant loyalement à ma tendre injonction, vous êtes ici dans des dispositions si affectueuses, soyez sûrs qu'aucun ne trouvera matière à se plaindre et qu'entre vous deux la balance sera égale. Aussi, à l'heure où je m'avoue accablé par mon pesant fardeau, ne vous demandé-je pour l'occasion que le silence, car votre étonnement, la suite des événements saura le susciter. Vous savez — prêtez-moi une oreille attentive, cher neveu et chère nièce, et vous l'illustre cour de Pologne, vassaux, parents et amis — vous savez que dans le monde entier ma science m'a valu le surnom de docte, puisque en dépit du temps et de l'oubli les pinceaux de Timanthe, les marbres de Lysippe[1] sur toute l'étendue du globe me proclament le grand Basile. Vous le savez, les sciences que je cultive et apprécie le plus sont les mathématiques et leurs subtilités, grâce auxquelles je ravis au temps son office et de la renommée abolis le privilège, qui sont de nous en apprendre chaque jour davantage ; car lorsque je lis dans mes tables, présents sous mes

yeux, les faits nouveaux des siècles à venir, je prive
le temps du mérite de révéler ce que j'ai dit avant
lui. Ces cercles de neige, ces pavillons de verre
que le soleil inonde de rayons, que la lune partage de ses révolutions, ces orbes de diamant, ces
sphères cristallines qu'émaillent les étoiles et où
se détachent les signes, sont la grande étude de
mes ans ; ils sont les livres où le ciel, sur papier de
diamant, sur cahiers de saphir, écrit en lignes
d'or aux caractères distincts le cours, adverse ou
favorable, de nos destinées. Je suis si prompt à les
lire que je peux suivre par mon esprit la rapidité
de leurs déplacements sur leurs routes et leurs
trajectoires. Plût au ciel qu'avant que ma sagacité
n'eût été capable de gloser dans leurs marges et
d'inventorier leurs feuillets, plût au ciel que son
courroux eût exercé ses premiers ravages aux
dépens de ma vie et que j'y eusse trouvé ma tragédie, car aux infortunés le mérite même est un
glaive, puisque qui est victime de son savoir est
homicide de lui-même ! Je suis là pour le dire,
mais mieux encore vous le diront les événements
que j'ai vécus et qui feront votre étonnement, ce
pour quoi je réclame encore de vous le silence.
De Clorilène mon épouse[1], j'eus un malheureux
fils dont l'enfantement vit les cieux épuiser leurs
prodiges. Avant que ne lui fît voir le jour et sa
beauté ce vivant tombeau qu'est un ventre, tant
naître et mourir se ressemblent, sa mère vit un
nombre infini de fois, parmi les chimères et les
délires de ses songes, qu'un monstre en forme
d'homme déchirait effrontément ses entrailles et,
tout baigné de son sang, lui donnait la mort en

naissant, vipère[1] humaine de ce siècle. Vint le jour
de l'accouchement et, les présages s'accomplissant — car ceux qui sont cruels manquent rarement ou jamais de se vérifier —, il naquit sous un
si funeste horoscope que le soleil, rouge de son
sang, se lançait furieusement dans un combat singulier avec la lune et que, la terre leur servant de
champ clos, les deux flambeaux divins s'affron-
taient de tous leurs feux, à défaut de corps à
corps[2]. La plus grande, la plus horrible éclipse
que le soleil ait subie depuis qu'en larmes de sang
il pleura la mort du Christ, ce fut celle-là ; son
disque submergé par l'incendie dévorant, il put
se croire en effet en proie au paroxysme dernier.
Les cieux s'obscurcirent, les édifices tremblèrent,
les nuages firent pleuvoir des pierres, les fleuves
charrièrent du sang. C'est sous cet astre abattu,
moribond, et sous ce signe que naquit Sigismond,
donnant déjà des indices de son caractère puisqu'il infligea la mort à sa mère, acte barbare par
quoi il signifia : « Je suis homme, puisque déjà je
commence à rendre le mal pour le bien. » J'eus
alors recours à ma science et tout m'y fit voir que
Sigismond serait l'homme le plus violent, le prince
le plus cruel et le monarque le plus intraitable,
dont le royaume par sa faute serait déchiré par les
factions, école de trahisons et académie des vices ;
que lui, emporté par sa fureur, allait, entre autres
crimes terrifiants, fouler aux pieds ma personne,
et que moi je me verrais humilié sous sa plante
— avec quelle angoisse je le dis ! —, les cheveux
de ma tête chenue servant à ses pieds de tapis.
Qui n'accorde créance au mal, et surtout au mal

révélé par sa science, domaine où l'amour-propre joue son rôle ? Aussi, accordant créance aux astres, dont la divination me pronostiquait des maux par des prédictions maléfiques, je résolus d'enfermer le monstre qui venait de naître, pour voir si le sage saurait dominer les étoiles[1]. On répandit la nouvelle que l'infant était mort-né et je pris la précaution de faire bâtir une tour au milieu des rochers et des escarpements de ces monts, où c'est à peine si la lumière a su trouver un chemin parce que leurs grossiers obélisques lui en défendent l'entrée. Les lourdes peines et les lois sévères qui, publiées par édits, proclamèrent que nul n'eût à pénétrer dans un espace interdit de la montagne eurent pour origine les raisons que j'ai dites. C'est là que vit Sigismond, misérable, pauvre et captif, là où seul Clothalde lui a parlé, l'a approché et vu. C'est lui qui lui a enseigné les sciences, lui qui l'a instruit dans la foi catholique, et il est l'unique témoin de ses misères. Trois choses sont à considérer ici : la première est que tu m'es si chère, ô Pologne, que je veux t'épargner le joug et la sujétion d'un roi tyrannique, car exposer sa patrie et son royaume à un tel péril ne serait pas d'un bon maître ; la deuxième est la pensée que si je prive mon sang de ce qui lui revient de droit humain aussi bien que divin, je manque à la charité chrétienne, car il n'est dit dans aucune loi que pour retenir quelqu'un d'être tyrannique et violent je puisse l'être moi-même, attendu que si mon fils est un tyran, en voulant l'empêcher de commettre des crimes c'est finalement moi qui les commets ; la troi-

sième et dernière est que je vois combien j'ai eu
tort de donner facilement créance aux événements prédits, car même si son inclination lui
dicte de suivre ses voies funestes, peut-être saura-
t-il s'en dégager, parce que la destinée la plus
inhumaine, l'inclination la plus violente, la pla-
nète la plus implacable ne font qu'incliner le
libre arbitre, elles ne le contraignent point. Voilà
pourquoi, indécis et perplexe entre un parti et
l'autre, j'ai prévu un remède de nature à vous
frapper de stupeur. Je vais le placer demain, sans
qu'il sache qu'il est mon fils et votre roi, lui Sigismond (c'est le nom qu'il a reçu), sous mon dais,
sur mon trône et, pour tout dire, à ma place afin
qu'il vous y gouverne en maître et que tous, prosternés, lui juriez obéissance ; de la sorte en effet
j'obtiens trois choses, par quoi je réponds aux
trois autres que j'ai dites. La première est que, s'il
fait preuve de prudence, de sagesse et de bonté,
démentant en tout le destin qui a dit tant de
choses de lui, vous jouirez de votre prince légitime, qui a eu pour cour des montagnes et pour
compagnie des bêtes sauvages. La deuxième est
que si lui, arrogant, insolent, violent et cruel,
lâche la bride à ses vices et s'abandonne à leur
course effrénée, j'aurai alors, moi, fait acte de
charité et accompli mes obligations ; après quoi
en le dépossédant j'exercerai ma souveraineté de
roi, car le rendre à sa prison ne sera pas cruauté,
mais châtiment. La troisième est que, si le prince
est comme je vous dis, c'est pour tout l'amour que
je vous porte, mes vassaux, que je vous donnerai
des rois plus dignes du sceptre et de la couronne,

puisque ce seront mon neveu et ma nièce ; leurs droits à tous deux étant réunis en un seul et eux accordés par la foi du mariage, ils auront ce qu'ils ont mérité. Voilà ce que comme roi je vous ordonne, ce que comme père je vous demande, ce dont vous prie mon savoir, ce que vous dit la sagesse de mon âge et, puisque notre Sénèque espagnol[1] a dit qu'un roi était l'humble esclave de sa république, voilà ce dont, comme esclave, je vous supplie.

ASTOLPHE : Si c'est à moi qu'il revient de répondre comme étant, en vérité, le plus concerné ici, je demande au nom de tous que Sigismond paraisse, car il lui suffit d'être ton fils.

TOUS : Donnez-nous notre prince : nous le réclamons désormais pour roi.

BASILE : Mes vassaux, j'apprécie votre obligeance et vous en sais gré. Accompagnez à leurs appartements ceux qui sont mes deux atlantes[2] ; lui, vous le verrez demain.

TOUS : Vive le grand roi Basile !

> *Tous sortent. Avant que le roi ne sorte, entre Clothalde avec Rosaure et Clairon, et il retient le roi.*

CLOTHALDE : Pourrais-je te parler ?

BASILE : Oh ! Clothalde ! sois le très bienvenu.

CLOTHALDE : Quoique je ne puisse que l'être dès lors que je viens à tes pieds, cette fois, Sire, ma triste et inhumaine destinée fait exception, enfreignant le privilège de la loi et la règle de l'habitude.

BASILE : Que t'arrive-t-il ?

CLOTHALDE : C'est un malheur, Sire, qui m'a frappé, alors que j'aurais pu trouver dans l'événement la plus grande des joies.

BASILE : Continue.

CLOTHALDE : Ce beau jeune homme, Sire, par témérité ou inadvertance a pénétré dans la tour, où il a vu le prince, et il n'est autre que…

BASILE : Ne t'afflige pas, Clothalde. Si c'eût été un autre jour, j'avoue que j'en eusse été affecté ; mais à présent j'ai dit le secret, et peu importe que lui le sache puisque je le dis moi-même. Voyez-moi plus tard, car je veux de beaucoup de choses vous instruire et de beaucoup vous confier l'exécution ; vous allez être, sachez-le, l'instrument du plus grand événement que le monde ait jamais vu ; quant à ces prisonniers, afin que vous n'alliez imaginer que c'est finalement votre négligence que je châtie, je leur pardonne.

Il sort.

CLOTHALDE *[à part]* : Puisses-tu vivre, ô grand roi, mille siècles. Le ciel a adouci mon sort. Je renonce à dire qu'il est mon fils, puisque je peux m'en dispenser. *[Haut :]* Voyageurs étrangers, vous êtes libres.

ROSAURE : Mille fois je te baise les pieds.

CLAIRON : Et moi je te les laisse[1], car une lettre de plus ou de moins n'est pas pour arrêter deux amis.

ROSAURE : Tu m'as donné la vie[2], seigneur, et puisque c'est par toi que je vis, je serai à jamais ton esclave.

CLOTHALDE : Ce n'est pas la vie que je t'ai donnée car un homme bien né, s'il a été outragé, ne vit point ; et dès lors que tu es venu te venger d'un outrage, selon tes propres dires, je n'ai pu te redonner la vie parce que tu ne l'avais pas en arrivant, une vie dans l'infamie n'étant pas une vie. *(À part :)* Mes propos sont bien faits pour piquer son ardeur.

ROSAURE : J'avoue ne pas l'avoir, encore que de toi je la reçoive ; mais moi, par la vengeance, je laisserai mon honneur lavé de sorte que ma vie, au mépris des périls, puisse ensuite se montrer comme un don venant de toi.

CLOTHALDE : Tiens, prends cet acier bruni que tu as apporté et qui, je le sais, rougi du sang de ton ennemi, sera capable de te venger ; car un acier qui fut mien (je veux dire durant cet instant, ce moment où je l'ai eu en ma possession) saura te venger.

ROSAURE : En ton nom je le ceins pour la seconde fois, et sur lui je jure d'accomplir ma vengance, quand bien même mon ennemi serait plus puissant qu'il ne l'est.

CLOTHALDE : Il l'est donc beaucoup ?

ROSAURE : Tellement que je t'en tais le nom ; non que je ne puisse confier à ta prudence des choses capitales, mais pour que ne se retourne pas contre moi la faveur qui m'émerveille dans tes bontés.

CLOTHALDE : Ce serait au contraire me gagner à ta cause que de me le dire, puisque ce serait m'interdire d'aider ton ennemi. *(À part :)* Ah, si je savais qui c'est !

ROSAURE : Pour que tu ne penses pas que j'estime bien peu cette marque de confiance, sache que mon adversaire n'est rien moins qu'Astolphe, duc de Moscovie.

CLOTHALDE, *à part* : J'ai du mal à supporter ma douleur ; elle est en effet plus cruelle dans la réalité qu'elle ne l'était lorsque je l'imaginais. Mais tâchons d'en savoir plus. *[Haut :]* Puisque tu es né Moscovite, je vois mal comment aurait pu t'outrager celui qui est ton seigneur naturel ; alors retourne dans ta patrie et abandonne cette ardeur valeureuse qui te mène à ta perte.

ROSAURE : Moi je sais que, bien qu'il fût mon prince, il a pu m'outrager.

CLOTHALDE : Il ne l'a pu, quand bien même il se serait permis de porter la main sur ton visage. *[À part :]* Ah, ciel !

ROSAURE : Plus grand est l'outrage reçu.

CLOTHALDE : Dis-le enfin, car tu ne peux dire plus que ce que j'imagine.

ROSAURE : Je le dirais bien, mais je ne sais quel est ce respect que ta vue m'inspire, quel est cet amour avec lequel je te vénère, quelle est cette révérence que m'impose ta présence, qui font que j'appréhende de te dire que les dehors de mon vêtement sont une énigme, car qui le porte n'est pas ce qu'il donne à croire. Sachant cela, à toi de juger, dès lors que je ne suis pas ce dont j'ai l'apparence et qu'Astolphe est venu pour épouser Étoile, s'il lui est possible de m'outrager. Je ne t'en ai dit que trop.

Rosaure et Clairon sortent.

CLOTHALDE : Écoute, attends, arrête ! Quel est ce confus labyrinthe où la raison ne peut trouver le fil? Mon honneur est l'outragé, l'ennemi est puissant, je suis vassal et elle femme. Que le ciel me montre une issue! Mais je ne sais s'il le pourra, quand dans un tel abîme de confusion le ciel tout entier est un présage et le monde tout entier un prodige.

DEUXIÈME JOURNÉE

Entrent le roi Basile et Clothalde.

CLOTHALDE : Tout a été exécuté comme tu l'avais ordonné.

BASILE : Raconte-moi, Clothalde, comment cela s'est passé.

CLOTHALDE : Ce fut, Sire, de la façon suivante : à l'aide du breuvage que tu avais ordonné de confectionner, ce qui était possible, avec toutes sortes de préparations, en combinant les vertus de certaines herbes dont le pouvoir tyrannique et la puissance secrète font perdre à l'être humain sa connaissance, l'en dépouillent et l'en dépossèdent au point de réduire un homme à l'état de vivant cadavre, et dont la violence, le laissant endormi, le prive de ses sens et de ses facultés. Que la chose soit possible, nous n'avons pas à en débattre puisque tant de fois, Sire, l'expérience nous a dit — et c'est la vérité — que la médecine est remplie de secrets naturels et qu'il n'est animal, plante ou pierre qui n'ait une qualité déterminée ; et du moment que notre humaine mé-

chanceté a su découvrir mille poisons capables de
donner la mort, quoi d'étonnant à ce que, si l'on
en tempère la violence, des poisons puissent
endormir puisque des poisons peuvent tuer ?
Renonçant à nous demander s'il est possible que
cela se fasse puisque c'est à présent démontré par
le raisonnement et par l'évidence… Le fait est
que, m'étant muni du breuvage que l'opium, le
pavot et la jusquiame avaient composé, je descen-
dis à l'étroite prison de Sigismond et m'entretins
un moment avec lui des lettres humaines que lui
a enseignées la muette nature des monts et des
cieux, divine école où il a appris des oiseaux et
des bêtes la rhétorique. Pour mieux préparer son
esprit à la hauteur de l'entreprise que tu médites,
je pris pour thème la rapidité d'un aigle royal qui,
dédaignant la sphère du vent, se transformait
dans les suprêmes régions du feu en éclair de
plume ou en comète effrénée. J'exaltai son vol
altier et dis : « Oui, tu es bien le roi des oiseaux ;
aussi est-il juste que tu aies sur eux la prééminence. » Il ne lui en fallut pas davantage, car dès
que l'on touche à ce sujet de la majesté, l'ambition et la superbe paraissent dans ses propos, et
c'est que de fait son sang le porte, le pousse et
l'incite à de grandes choses. Il s'écria : « Se peut-il
que même dans l'inquiète république des oiseaux,
il s'en trouve pour jurer obéissance à d'autres ? À
peine me suis-je fait cette réflexion que mes malheurs me sont une consolation ; en effet, si je suis
sujet, du moins le suis-je par force, car jamais de
mon propre gré je ne me serais soumis à un autre
homme. » Le voyant pris de fureur à cette idée,

qui a toujours donné matière à sa douleur, je lui
offris la potion et à peine eut-elle passé de la
coupe dans son corps qu'il abandonna ses forces
au sommeil, une sueur froide coulant sur ses
membres et dans ses veines, au point que si je
n'avais su que c'était une apparence de mort,
j'aurais douté qu'il fût en vie. Sur ce arrivent les
hommes à qui tu confies la réussite de cette expérience, ils le mettent dans une voiture et le trans-
portent jusqu'à tes appartements où était préparé
le décor imposant et majestueux qui sied à sa personne. Là, ils le couchent dans ton lit où, lorsque
la léthargie aura perdu sa force, ils le serviront
comme ils te servent toi-même, Sire, puisque tels
sont tes ordres. Et si de t'avoir obéi me vaut de ta
reconnaissance une récompense, je te demande
seulement — pardonne mon impertinence — de
me dire quelle est ton intention en amenant de
cette façon Sigismond au palais.

BASILE : Clothalde, cette curiosité que tu
éprouves est bien naturelle et je veux, pour toi
seul, la satisfaire. Sigismond, mon fils, est menacé
par l'influence de son étoile (tu le sais bien) de
mille infortunes et tragédies ; je veux tenter de
voir si le ciel (qui ne saurait mentir, surtout qu'il
nous a donné tant de preuves de sa rigueur) du
moins s'adoucit ou se tempère quant au caractère
cruel de Sigismond[1] et si, vaincu par la valeur et la
prudence, il se dédit, parce que l'homme prédo-
mine sur les étoiles. Voilà ce que je veux tenter de
voir, en l'amenant ici pour qu'il y apprenne qu'il
est mon fils et y mette à l'épreuve ses qualités. S'il
a la force d'âme de se vaincre, il régnera ; mais s'il

se révèle cruel et tyrannique, je le renverrai à ses chaînes. Tu voudras maintenant savoir à quoi bon, pour cette expérience, l'avoir amené endormi de la sorte, et je veux te satisfaire en te répondant sur tout. S'il apprenait aujourd'hui qu'il est mon fils et qu'il se vît demain ramené à sa prison et à sa misère, il y enragerait de désespoir, son caractère nous l'assure ; sachant en effet qui il est, quelle consolation pourrait-il trouver ? Aussi ai-je voulu, pour le mal infligé, laisser ouverte cette porte de sortie : dire que tout ce qu'il a vu était un songe. Deux choses par ce moyen se trouvent mises en évidence : la première est son caractère, puisque éveillé il passe à l'exécution de tout ce qu'il imagine et pense ; et la seconde, sa consolation, puisque même s'il se voit obéi maintenant et retourne ensuite à ses fers, il pourra croire qu'il a fait un songe, et il sera dans le vrai lorsqu'il le croira, parce que dans le monde, Clothalde, tous ceux qui vivent sont dans un songe.

CLOTHALDE : Les arguments ne me manqueraient pas pour prouver que tu commets une erreur. Mais elle est désormais sans remède, et si j'en crois les signes que je vois, il semble qu'il soit réveillé et qu'il s'avance vers nous.

BASILE : Je préfère me retirer. Toi qui es son précepteur, aborde-le et, par la vérité, délivre-le de tous ces doutes qui assaillent sa raison.

CLOTHALDE : Est-ce à dire que tu m'autorises à la lui révéler ?

BASILE : Oui, car il pourrait se faire que s'il la sait, le péril étant connu, il lui soit plus facile de le vaincre.

Il sort, et entre Clairon.

CLAIRON *[à part]* : Moyennant quatre coups de bâton qu'il m'en a coûté pour être ici, et que j'ai reçus d'un hallebardier roux dont la barbe lui est venue de sa livrée[1], je ne manquerai rien du spectacle ; il n'est en effet pour quelqu'un loge plus assurée que celle qu'il apporte avec soi[2], sans passer par un préposé aux billets, puisque pour être de toutes les fêtes, s'il est sans ressources et homme de ressources, il se poste au balcon de son impudence.

CLOTHALDE *[à part]* : Cet homme est Clairon, le valet de celle, hélas oui, de celle qui, venue en colporteur de désastres, a introduit en Pologne mon affront. *[Haut :]* Qu'y a-t-il de nouveau, Clairon ?

CLAIRON : Il y a, seigneur, que ta grande clémence, disposée à venger les outrages qu'a reçus Rosaure, lui a conseillé de reprendre ses vrais habits.

CLOTHALDE : Et cela est bon, pour que nul n'y voie de l'indécence.

CLAIRON : Il y a que, changeant de nom et se faisant habilement passer pour ta nièce, elle y gagne aujourd'hui un tel surcroît d'honneurs que la voici logée au palais comme dame de la sans pareille Étoile.

CLOTHALDE : Il est bon que je prenne d'un coup son honneur à mon compte.

CLAIRON : Il y a qu'elle est dans l'attente de voir arriver le moment et l'occasion où tu viendras au secours de son honneur.

CLOTHALDE : C'est là un prudent parti ; car

après tout c'est au temps qu'il reviendra de faire
pour cela le nécessaire.

CLAIRON : Il y a qu'elle, on la choie, on la sert
comme une reine parce qu'on la croit ta nièce ; et
il y a que moi, qui l'accompagne, je meurs de
faim et que nul ne se soucie de moi ; on oublie
que je m'appelle Clairon et que si ce clairon-là se
met à sonner, il pourra dire toute l'affaire au roi,
à Astolphe et à Étoile, parce que clairon et valet
sont deux choses qui s'accordent fort mal avec la
discrétion ; et il est bien possible, si le silence me
laisse choir, que l'on chante à mon sujet le cou-
plet qui dit : Sonnerie de clairon qui déchire
l'aube ne retentit pas mieux[1].

CLOTHALDE : Ta plainte est bien fondée ; je
veillerai à y faire droit et, en attendant, entre à
mon service.

CLAIRON : Mais voici qu'arrive Sigismond.

> *Entrent des musiciens qui chantent et des
> serviteurs qui donnent des vêtements à
> Sigismond, lequel entre avec un air effaré.*

SIGISMOND : Que le ciel m'assiste ! Qu'est-ce là ?
Que le ciel m'assiste ! Que vois-je ? C'est sans effroi
que je m'en émerveille mais non sans perplexité
que j'en crois mes yeux. Moi dans de somptueux
palais ? Moi dans ces riches tissus et ces brocarts ?
Moi entouré de serviteurs si élégants et si resplen-
dissants ? Moi sortir de mon sommeil dans un lit
si délicieux ? Moi au milieu de tant de gens
empressés à m'habiller ? Me dire que je rêve serait
me tromper : je sais bien que je suis éveillé. Ne
suis-je pas Sigismond ? Ah, cieux, détrompez-moi,

dites-moi ce qui a bien pu arriver à mon imagination tandis que je dormais, pour que je me sois retrouvé ici. Mais quoi qu'il en soit, qu'ai-je besoin de raisonner ? Je veux me laisser servir, et advienne que pourra.

DEUXIÈME SERVITEUR : Comme il est mélancolique !

PREMIER SERVITEUR : Qui donc, vivant pareille aventure, ne le serait ?

CLAIRON : Moi.

DEUXIÈME SERVITEUR : Allons, va lui parler.

PREMIER SERVITEUR *[à Sigismond]* : Doivent-ils se remettre à chanter ?

SIGISMOND : Non, je ne veux pas qu'ils chantent davantage.

DEUXIÈME SERVITEUR : Te voyant si interdit, j'ai voulu te distraire.

SIGISMOND : Je n'ai que faire de leurs voix pour me distraire de mes chagrins. Je n'ai jamais pris plaisir à entendre que les musiques militaires.

CLOTHALDE : Que Votre Altesse, puissant seigneur, me donne sa main à baiser, car mon honneur veut être le premier à vous donner cette marque de soumission.

SIGISMOND *[à part]* : C'est Clothalde. Mais comment se peut-il que lui qui me maltraite en prison me traite avec un tel respect ? De quel changement suis-je l'objet ?

CLOTHALDE : Dans le grand trouble où te plonge ton nouvel état, mille doutes doivent assaillir ton esprit et ta raison ; mais je veux d'un coup te délivrer de tous, s'il se peut, car il faut que tu saches, seigneur, que tu es le prince héritier de Pologne.

Si tu as été tenu à l'écart du monde et caché, c'est que l'on a obéi à l'inclémence du destin, qui promet mille tragédies à ce royaume lorsque le souverain laurier couronnera ton auguste front. Mais, attendant de tes soins que tu saches vaincre les étoiles, parce que la force d'âme d'un homme est capable de les vaincre, on t'a amené au palais, de la tour où tu vivais, pendant que ton esprit était sous l'empire du sommeil. Ton père, le roi mon seigneur, viendra te voir et de lui, Sigismond, tu apprendras le reste.

SIGISMOND : Que crois-tu donc, homme vil, infâme et traître, que j'aie besoin d'apprendre de plus, ayant appris qui je suis, pour manifester dès aujourd'hui mon arrogance et mon pouvoir ? Comment as-tu pu trahir ta patrie au point de me tenir caché, puisque ainsi tu m'as refusé, contre la raison et le droit, ce rang qui est le mien ?

CLOTHALDE : Ah, malheur à moi !

SIGISMOND : Tu as été traître à la loi, tu as abusé le roi par flatterie, et envers moi tu as été cruel ; en conséquence, le roi, la loi et moi, au vu de malheurs si atroces, te condamnons à mourir de mes mains.

DEUXIÈME SERVITEUR : Seigneur…

SIGISMOND : Que personne ne tente de m'arrêter, car c'est peine perdue, et vive Dieu, si vous vous mettez entre lui et moi, je vous jette par la fenêtre !

PREMIER SERVITEUR : Fuis, Clothalde.

CLOTHALDE : Malheur à toi, qui manifestes cette arrogance sans savoir que tu rêves.

DEUXIÈME SERVITEUR : Considère…

SIGISMOND : Ôtez-vous d'ici.

DEUXIÈME SERVITEUR : … qu'il a obéi à son roi.

SIGISMOND : En ce qui n'est pas conforme à la justice, il n'a pas à obéir au roi, et moi j'étais son prince.

DEUXIÈME SERVITEUR : Il ne lui appartenait pas d'examiner si c'était une bonne ou une mauvaise chose.

SIGISMOND : Je vous soupçonne d'être brouillé avec vous-même, pour me donner ainsi matière à répliquer.

CLAIRON : Le prince parle fort bien et vous avez fort mal fait.

PREMIER SERVITEUR : Qui vous a permis pareille liberté ?

CLAIRON : Je l'ai prise moi-même.

SIGISMOND : Dis-moi, toi, qui es-tu ?

CLAIRON : Quelqu'un qui s'immisce partout, et c'est un office où je suis chef, car pour faire l'empressé je suis le meilleur qui se soit jamais vu.

SIGISMOND : Dans un monde si nouveau tu es le seul qui m'ait réjoui.

CLAIRON : Seigneur, je suis un grand réjouisseur[1] de tous les Sigismond.

Entre Astolphe.

ASTOLPHE : Heureux mille fois le jour où vous paraissez, ô prince, soleil de Pologne, et où vous remplissez de splendeur et de joie tous ces horizons qu'embrase une si divine clarté, puisque comme le soleil vous sortez de sous les montagnes[2] ! Montrez-vous donc enfin et que ce laurier resplendissant, qui il est vrai vient bien tard couronner votre front, tarde aussi à mourir.

SIGISMOND : Dieu vous garde.

ASTOLPHE : Que vous ne m'ayez jamais connu est la seule excuse que je vous trouve pour ne pas me témoigner plus de considération[1] ; je suis Astolphe, duc de Moscovie par ma naissance et votre cousin : traitons-nous d'égal à égal.

SIGISMOND : Dire que Dieu vous garde, n'est-ce pas me montrer suffisamment affable ? Mais puisque, faisant parade de votre qualité, vous vous plaignez d'être salué ainsi, la prochaine fois que vous me rencontrerez je dirai à Dieu de ne point vous garder.

DEUXIÈME SERVITEUR [*à Astolphe*] : Que Votre Altesse considère qu'il s'est comporté avec tous en homme né dans les montagnes. [*À Sigismond :*] Astolphe, seigneur, l'emporte sur…

SIGISMOND : L'air de gravité avec lequel il est venu me parler m'a irrité, et la première chose qu'il a faite a été de remettre son chapeau.

DEUXIÈME SERVITEUR : C'est un Grand[2].

SIGISMOND : Je suis plus grand encore.

DEUXIÈME SERVITEUR : Malgré tout, il est bon qu'il y ait entre vous deux plus de respect qu'entre les autres.

SIGISMOND : Et vous, qui vous autorise à vous mêler de mes affaires ?

Entre Étoile.

ÉTOILE : Que Votre Altesse, seigneur, soit mille fois la bienvenue sous ce dais qui a le bonheur de l'accueillir et qui n'attend qu'elle, pour qu'en dépit des mensonges passés elle y vive dans l'auguste majesté, et cette vie puisse-t-elle se compter non en années, mais en siècles.

SIGISMOND *[à Clairon]* : Dis-moi vite, toi : quelle est cette beauté souveraine ? Quelle est cette déesse humaine qui à ses pieds divins humilie le ciel empourpré ? Quelle est cette femme si belle ?

CLAIRON : Seigneur, c'est ta cousine Étoile.

SIGISMOND : Le soleil, devrais-tu plutôt dire. *[À Étoile :]* Bien qu'il soit bien de me féliciter pour le bien[1] dont je prends possession, ce n'est que pour vous avoir vue aujourd'hui que je consens à ce que vous me félicitiez ; aussi est-ce pour bénéficier de ce privilège qui ne m'est pas dû que je vous sais gré de me féliciter, Étoile, vous qui avez le pouvoir de faire poindre le jour et d'inonder de clarté le plus lumineux flambeau. Que laissez-vous à faire au soleil si vous vous levez avec l'aube ? Donnez-moi à baiser votre main, cette coupe de neige où la brise d'été vient se rafraîchir de candeurs.

ÉTOILE : Montrez-vous galant avec plus de civilité.

ASTOLPHE *[à part]* : S'il lui prend la main, je suis perdu.

DEUXIÈME SERVITEUR *[à part]* : Je sais ce qui chagrine Astolphe, et je vais l'en empêcher. *[Haut :]* Considère, seigneur, qu'il n'est pas juste de prendre pareille liberté, et en présence d'Astolphe…

SIGISMOND : Ne vous ai-je point dit de ne pas vous mêler de mes affaires ?

DEUXIÈME SERVITEUR : Je dis ce qui est juste.

SIGISMOND : Moi, tout cela me donne de l'ennui. Nulle chose ne me paraît juste dès lors qu'elle contrarie mon bon plaisir.

DEUXIÈME SERVITEUR : J'ai pourtant entendu de ta bouche, seigneur, que c'est à ce qui est juste qu'il convient d'obéir et de se soumettre.

SIGISMOND : Tu as aussi entendu que je saurai précipiter d'un balcon quiconque m'ennuiera.

DEUXIÈME SERVITEUR : Avec les hommes comme moi, on ne peut agir de la sorte.

SIGISMOND : Ah non ? Par Dieu, je vais en donner la preuve.

Il le saisit dans ses bras et sort, suivi de tous ; puis il revient.

ASTOLPHE : Aurais-je imaginé voir pareille chose ?

ÉTOILE : Accourez tous à l'aide.

Elle sort.

SIGISMOND : Il est tombé du balcon dans la mer[1]. Vive Dieu, cela pouvait donc se faire !

ASTOLPHE : Eh bien, vous devriez mieux prendre le temps de mesurer la rudesse de vos actes, car il y a aussi loin d'une montagne au palais que de l'homme à la bête.

SIGISMOND : Eh bien, que vous vous obstiniez, avec pareille rudesse, à parler sur ce ton de superbe, et peut-être ne trouverez-vous plus de tête où puisse rester en place votre chapeau.

Astolphe sort, et entre le roi.

BASILE : Que s'est-il passé ?

SIGISMOND : Ce n'est rien. C'est un homme qui m'a irrité et que j'ai jeté du haut de ce balcon.

CLAIRON *[à Sigismond]* : Prends garde que c'est le roi.

BASILE : Déjà, le premier jour, il en coûte une vie que tu sois venu ?

SIGISMOND : Il m'a dit que cela ne pouvait se faire, et j'ai tenu la gageure.

BASILE : Je trouve fort déplorable, prince, qu'au moment où je viens te voir en croyant te trouver prémuni, triomphant du destin et des étoiles, je te voie si cruel, et que le premier acte que tu aies accompli en cette circonstance soit un grave homicide. Avec quel amour vais-je pouvoir maintenant aller vers toi pour te presser dans mes bras, quand je sais que les tiens ont appris à donner la mort par leur brutale étreinte ? Qui a eu l'occasion de voir nu le poignard qui causa une blessure mortelle, sans éprouver de crainte ? Qui a vu ensanglanté l'endroit où fut donnée la mort à un homme, sans ressentir de trouble ? Le plus fort en effet obéit à sa nature. De même, moi qui vois dans tes bras l'instrument de ce meurtre et qui en vois l'endroit ensanglanté, de tes bras je me détourne ; et bien que j'aie nourri la pensée d'enlacer ton cou d'une étreinte pleine d'amour, je m'en retournerai sans l'avoir fait, parce que tes bras me font peur.

SIGISMOND : Je pourrai en rester privé, comme j'en fus privé jusqu'ici ; car un père capable d'user contre moi d'assez de rigueur pour me rejeter loin de lui — effet d'un naturel ingrat —, pour m'élever comme une bête et me traiter comme un monstre, et pour aspirer à ma mort, peu m'importe que ce père me refuse ses bras quand il m'a dénié ma condition d'homme.

BASILE : Plût au ciel et à Dieu que je n'en fusse jamais venu à te la donner, car je n'aurais ni entendu ta voix ni vu ton insolence.

SIGISMOND : Si tu ne me l'avais pas donnée, je ne te ferais pas de reproches, mais une fois que tu me l'as donnée, oui, je te fais celui de me l'avoir ôtée, car si donner est l'acte le plus noble et le plus haut, donner pour ôter ensuite est le comble de la vilenie.

BASILE : Voilà comme tu me sais gré de te retrouver, d'humble et misérable prisonnier que tu étais, prince à présent !

SIGISMOND : Qu'y a-t-il donc là dont j'aie à te savoir gré ? Tyran de mon libre arbitre, puisque tu es vieux et caduc, en mourant que me donnes-tu ? Me donnes-tu plus que ce qui m'appartient ? Tu es mon père et mon roi : donc, toute cette grandeur c'est la nature qui me la donne, par les droits inscrits dans sa loi. Donc, j'ai beau me trouver dans ma présente condition, je ne t'en ai pas d'obligation, et suis même en droit de te demander des comptes pour le temps durant lequel tu m'as privé de la liberté, de la vie et de l'honneur ; aussi est-ce à moi que tu dois savoir gré de ne pas te le faire payer, car c'est toi mon débiteur.

BASILE : Tu es barbare et insolent : le ciel a tenu sa promesse ; c'est donc à lui seul que j'en appelle, arrogant présomptueux ; et quoique tu saches à présent qui tu es et que tu aies appris la vérité, et quoique tu te voies en un lieu où tu as sur tous la prééminence, prends bien garde à l'avis que je te donne : d'être humble et doux, parce que peut-être es-tu en train de rêver, bien qu'il te semble être éveillé.

Il sort.

SIGISMOND : Ainsi peut-être suis-je en train de rêver, bien qu'il me semble être éveillé ? Non, je ne rêve pas, puisque ce que j'ai été et ce que je suis, ce sont des réalités palpables dont je ne puis douter. Et tu auras beau te repentir maintenant, quel recours pourras-tu trouver ? Je sais qui je suis et, en dépit de tes soupirs et de tes regrets, tu ne pourras m'enlever d'être né prince héritier de cette couronne ; et si tu m'as vu d'abord soumis à des chaînes, ce fut parce que j'ignorais qui j'étais. Mais je suis désormais informé de qui je suis, et je sais que je suis un composé d'homme et de bête.

Entre Rosaure, dame[1].

ROSAURE *[à part]* : Je viens ici à la recherche d'Étoile, et j'ai grand'peur de rencontrer Astolphe ; Clothalde souhaite en effet qu'il ne sache pas qui je suis et ne me voie pas, parce qu'il dit que cela importe à mon honneur, pour le soin duquel je m'en remets à lui puisque je lui dois, avec gratitude, de voir protégés ici mon honneur et ma vie.

CLAIRON *[à Sigismond]* : De tout ce que tu as vu aujourd'hui et qui t'a émerveillé, qu'as-tu trouvé le plus à ton goût ?

SIGISMOND : Rien ne m'a ébloui, car j'étais préparé à tout ; mais s'il y avait quelque chose au monde dont je dusse m'émerveiller, ce serait la beauté de la femme. Je lisais un jour, dans les livres que j'avais, que ce à quoi Dieu a apporté le plus d'application, c'était l'homme, parce qu'il est un monde en raccourci ; mais je soupçonne à présent que c'est la femme, car avec elle est apparu un ciel en raccourci, et la beauté qu'elle renferme est supérieure à celle de l'homme de toute la distance qui sépare le ciel et la terre, surtout si cette femme est celle que je vois.

ROSAURE *[à part]* : Le prince est ici ; je me retire.

SIGISMOND : Écoute, femme, arrête ; ne réunis pas l'occident et l'orient en fuyant dès le premier pas, car si sont réunis l'orient et l'occident, la lumière et l'ombre froide, tu seras sans nul doute une syncope du jour. *[À part :]* Mais que vois-je ?

ROSAURE *[à part]* : Ce que je vois là, j'en doute et y crois tout à la fois.

SIGISMOND *[à part]* : J'ai vu cette beauté en une autre occasion.

ROSAURE *[à part]* : Cette pompe, cette grandeur, je les ai vues réduites à une étroite prison.

SIGISMOND *[à part]* : J'ai enfin trouvé ma vie. *[Haut :]* Femme, car user de ce nom c'est pour l'homme faire le plus flatteur des compliments, qui es-tu ? Sans que je t'aie vue, mon adoration t'est acquise et par un acte de foi je pars à ta conquête, en sorte que je me persuade de t'avoir vue en une autre occasion. Qui es-tu, femme si belle ?

ROSAURE *[à part]* : Il faut que je dissimule. *[Haut :]* Je suis une malheureuse suivante d'Étoile.

SIGISMOND : Ne dis pas cela ; dis plutôt le soleil, sous les feux duquel vit cette étoile, puisque c'est de tes rayons qu'elle reçoit son éclat. J'ai vu qu'au

royaume des parfums présidait parmi des fleurs
communes la divinité de la rose, et qu'elle était
leur impératrice parce que la plus belle. J'ai vu
parmi les pierres précieuses le diamant avoir la
prééminence dans la docte académie de leurs
mines et être leur empereur, parce que le plus
brillant. J'ai vu dans ces splendides cortèges de
l'inquiète république des étoiles Vénus au premier rang, en reine des étoiles. Dans la perfection
des sphères, quand le soleil convoque en assem-
blée les planètes, je l'ai vue qui présidait, en tant
que premier oracle du jour. Alors comment se
fait-il, si parmi les fleurs, parmi les étoiles, les
pierres précieuses, les constellations et les planètes, ce sont les plus belles qui ont la prééminence, que ce soit toi qui aies servi celle dont la
beauté est moindre, alors que tu étais, parce que
plus rayonnante et plus belle, soleil, astre de
Vénus, diamant, étoile et rose?

Entre Clothalde[1].

CLOTHALDE *[à part]* : Mon intention est de retenir Sigismond, parce qu'après tout je l'ai élevé.
Mais que vois-je?

ROSAURE : Je te rends grâce de ta faveur. Que te
réponde l'éloquence de mon silence : quand la
parole se trouve si embarrassée, seigneur, celui-là
parle le mieux qui sait le mieux se taire.

SIGISMOND : Attends, tu ne dois pas partir.
Pourquoi veux-tu ainsi plonger mes sens dans la
nuit?

ROSAURE : Je demande à Votre Altesse de m'en
donner licence.

SIGISMOND : T'en aller si brusquement, ce n'est pas demander licence, c'est la prendre.

ROSAURE : Je compte en effet la prendre, si tu ne me la donnes pas.

SIGISMOND : Tu vas faire que de courtois je devienne grossier, parce que la résistance est un poison cruel pour ma patience.

ROSAURE : Quand bien même pourtant ce poison, plein de fureur, de rigueur et de rage, triompherait de ta patience, il n'aurait ni l'audace ni le pouvoir d'attenter au respect qui m'est dû.

SIGISMOND : Ne serait-ce que pour voir si je le puis, tu vas faire que je perde toute crainte devant ta beauté, car je suis fort enclin à vaincre l'impossible ; j'ai précipité aujourd'hui de ce balcon un homme qui disait que cela ne pouvait se faire, et de même, pour voir si je le puis, c'est chose facile : je jetterai ton honneur par la fenêtre.

CLOTHALDE [à part] : Il semble de plus en plus décidé. Que vais-je faire, ô cieux, quand pour la seconde fois je vois mon honneur en péril, sous le coup d'un désir insensé ?

ROSAURE : Ce n'est pas en vain que ta tyrannie promettait à ce royaume infortuné de si terribles scandales : crimes, trahisons, fureurs, meurtres. Mais que peut faire d'autre un homme qui n'a d'humain que le nom, un homme violent, inhumain, cruel, arrogant, barbare et tyrannique, né parmi les bêtes ?

SIGISMOND : C'était pour ne pas entendre cet opprobre que je me montrais si courtois, pensant par là t'obliger ; mais si je suis cela en te parlant de la sorte, tu vas avoir, vive Dieu, toute matière à me qualifier ainsi ! Ho, vous autres ! Laissez-nous seuls, que l'on ferme cette porte et que personne n'entre.

Clairon sort.

ROSAURE *[à part]* : Je suis morte ! *[Haut :]* Prends garde que…

SIGISMOND : Je suis un tyran, et c'est en vain que tu prétends à présent me retenir.

CLOTHALDE *[à part]* : Oh, quelle terrible situation ! J'interviendrai pour l'en empêcher, dût-il me donner la mort. *[Haut :]* Seigneur, prends garde, écoute.

SIGISMOND : Pour la seconde fois tu as excité mon ire, vieillard caduc et insensé. Comptes-tu pour rien mon courroux et ma rigueur ? Comment es-tu arrivé jusqu'ici ?

CLOTHALDE : Attiré par les éclats de cette voix, pour te dire d'être moins violent si tu souhaites régner, et de ne pas te monter cruel parce que tu te vois à présent maître de tous, car il se peut que ce soit un songe.

SIGISMOND : Tu excites ma rage quand tu évoques la lumière qui dessille les yeux. Je verrai bien, en te donnant la mort, si c'est un songe ou une réalité.

Comme il va tirer sa dague, Clothalde la lui saisit et s'agenouille.

CLOTHALDE : De cette façon j'espère sauver ma vie.

SIGISMOND : Ôte cette main téméraire de cet acier.

CLOTHALDE : Jusqu'à ce que vienne quelqu'un qui contienne ta rigueur et ta fureur, je ne te lâcherai pas.

ROSAURE : Ah, cieux !

SIGISMOND : Lâche, te dis-je, insensé caduc, ennemi barbare, ou bien ce sera ainsi *(ils luttent)* que je te donnerai la mort entre mes bras.

ROSAURE : Vite, accourez tous, on tue Clothalde.

Elle sort. Entre Astolphe tandis que Clothalde tombe à ses pieds, et Astolphe s'interpose.

ASTOLPHE : Qu'est-ce donc là, noble prince ? Un acier si valeureux se souillerait-il ainsi dans un sang glacé ? Remets dans son fourreau ta brillante épée.

SIGISMOND : Dès que je l'aurai vue rougie de ce sang infâme.

ASTOLPHE : Sa vie désormais a trouvé asile à mes pieds, et mon arrivée m'aura servi à quelque chose.

SIGISMOND : Qu'elle te serve à mourir, car de la sorte je saurai aussi tirer vengeance, par ta mort, de ce courroux que tu m'as causé naguère.

ASTOLPHE : Je défends ma vie ; je ne commets donc pas un crime de lèse-majesté.

Ils tirent l'épée. Entrent le roi Basile et Étoile.

CLOTHALDE : Ne le blesse pas, seigneur.

BASILE : Comment ? Des épées ici ?

ÉTOILE *[à part]* : C'est Astolphe. Ah, malheureuse, quelles affres cruelles !

BASILE : Que s'est-il donc passé ?

ASTOLPHE : Rien, Sire, grâce à ton arrivée.

Ils rengainent.

SIGISMOND : Beaucoup de choses, Sire, en dépit de ton arrivée. J'ai tenté de tuer ce vieillard.

BASILE : Tu n'avais point de respect pour ces cheveux blancs ?

CLOTHALDE : Sire, considérez que ce sont les miens : vous verrez que c'est sans importance.

SIGISMOND *[à Basile]* : Vaine entreprise que d'attendre de moi du respect pour des cheveux blancs, car même les tiens, il pourrait advenir que je les visse quelque jour à mes pieds. Je ne suis toujours pas vengé, en effet, de la façon injuste dont tu m'as élevé.

Il sort.

BASILE : Eh bien, avant que tu ne voies cela, tu t'en retourneras dormir en un lieu où tu puisses croire que tout ce qui t'est arrivé, parce que c'était un bien du monde, n'a été qu'un songe.

Sortent le roi et Clothalde. Restent Étoile et Astolphe.

ASTOLPHE : Comme il est rare que le destin mente quand il prédit des malheurs, car il est aussi assuré pour les maux qu'incertain pour les biens ! Quel bon astrologue il serait s'il annonçait toujours des événements cruels ! Nul doute en effet que ceux-là ne fussent toujours vérifiés. On peut s'en convaincre par mon exemple et celui de Sigismond, Étoile, car dans l'un et l'autre cas le destin en a fait différemment la démonstration. Pour lui, il a prédit cruautés, violences, malheurs, meurtres, et il a dit vrai en tout puisque finalement tout cela se produit ; tandis que pour moi, lorsque j'ai vu, madame, ces rayons incomparables qui ont réduit le soleil à une ombre et le ciel à une sommaire esquisse, pour moi à qui il a prédit bonheurs, trophées, triomphes, félicités, il a dit faux et il a dit vrai ; car la seule façon dont il puisse être fidèle à lui-même, c'est quand il me laisse entrevoir des faveurs et ne m'accorde que dédains.

ÉTOILE : Ces galanteries, je n'en doute pas, sont des vérités évidentes, mais elles doivent s'adresser à une autre dame dont vous portiez le portrait suspendu à votre cou, Astolphe, quand vous êtes venu me voir ; et s'il en est ainsi, elle seule a droit à ces douceurs. Allez lui en réclamer le paiement, car ce sont des titres sans valeur devant le tribunal d'amour que les déclarations et les serments[1] qui furent faits en faveur d'autres dames et d'autres rois.

> *Entre Rosaure, qui reste au fond de la scène.*

ROSAURE [à part] : Grâce à Dieu, voici mes malheurs cruels arrivés à leur terme, car qui voit cela n'a plus rien à redouter.

ASTOLPHE : Je ferai que ce portrait ne soit plus sur mon cœur, pour qu'y entre l'image de ta beauté : là où entre Étoile il n'est plus de place pour l'ombre, ni pour une étoile où est le soleil ; je vais le chercher. (À part :) Pardonne, belle

Rosaure, cette offense, mais c'est là en effet toute la fidélité que se gardent, dans l'absence, les hommes et les femmes.

Il sort.

ROSAURE *[à part]* : Je n'ai rien pu entendre, craignant qu'il ne me vît.

ÉTOILE : Astrée[1] !

ROSAURE : Madame ?

ÉTOILE : J'ai vu avec joie que c'était toi qui pénétrais ici, pour pouvoir à toi seule confier un secret.

ROSAURE : C'est faire de l'honneur, madame, à qui est là pour t'obéir.

ÉTOILE : Depuis le temps que je te connais, Astrée, tu as su gagner les clés de mon cœur ; c'est pourquoi, et parce que tu es qui tu es, j'ose te confier ce que bien souvent je me suis caché à moi-même.

ROSAURE : Je suis ton esclave.

ÉTOILE : Donc, pour le dire brièvement, mon cousin Astolphe — il suffirait que je dise mon cousin, car il est des choses que l'on exprime du seul fait qu'on les pense — doit se marier avec moi, si toutefois la fortune veut que par un seul bonheur je voie effacés tant de malheurs. J'ai été chagrinée de le voir arriver le premier jour avec le portrait d'une dame passé à son cou ; je lui en ai fait courtoisement la remarque, il est galant homme, et il est épris : il est allé le chercher et va l'apporter ici ; cela m'embarrasse fort qu'il vienne me le donner en mains propres. Reste ici, et quand il arrivera tu lui diras de te le remettre à toi. Je ne t'en dis pas plus : tu as de l'esprit et tu es belle ; tu dois bien savoir ce qu'est l'amour.

Elle sort.

ROSAURE : Comme j'eusse préféré ne point le savoir ! Que le ciel m'assiste ! Ah, si je pouvais avoir assez de clairvoyance et de prudence pour attendre de moi le bon conseil en si terrible occasion ! Est-il personne au monde que le ciel inclément assaille de tant de malheurs et assiège de tant de chagrins ? Que faire dans un pareil désarroi, où il semble impossible que je trouve une raison pour me soulager non plus qu'un soulagement pour me consoler ? Depuis mon premier malheur, pas un événement, pas un accident qui ne soit un nouveau malheur, car ils se succèdent les uns aux autres, héritiers d'eux-mêmes. À l'instar du phénix, ils renaissent les uns des autres, trouvant vie dans leur propre mort, et toujours de leurs cendres le sépulcre reste brûlant. Un sage disait d'eux qu'ils étaient couards, ayant remarqué qu'ils n'allaient jamais seuls ; je dis, moi, qu'ils sont vaillants, parce qu'ils vont toujours de l'avant et jamais ne tournent le dos. Quiconque en sera accompagné pourra ignorer tous les dangers : qu'il n'ait crainte en effet de se voir par eux abandonné. Je puis en témoigner, car au milieu de tous ceux qui surviennent dans ma vie, jamais je n'en ai été dépourvue et ils n'ont eu de cesse qu'ils ne m'aient vue, blessée par la fortune, dans les bras de la mort. Ah, malheureuse ! Que dois-je faire aujourd'hui dans l'occasion présente ? Si je dis qui je suis, Clothalde, à qui ma vie doit d'avoir

trouvé ici protection et honneur, peut m'en tenir
rigueur puisqu'il me dit d'attendre en silence la
réparation de mon honneur. Si je veux laisser
ignorer à Astolphe qui je suis et qu'il vienne à me
voir, comment vais-je dissimuler ? Ma voix, ma
langue et mes yeux auront beau tenter de feindre,
mon âme les démentira. Que faire ? Mais à quoi
bon étudier ce que je ferai quand de toute évidence, pour tant que je m'y prépare, que je l'étudie et le médite, dès l'occasion venue ma douleur
fera ce qu'elle voudra ? Nul en effet n'a empire
sur ses souffrances. Et puisque mon âme ne se
risque pas à décider ce que je ferai, que ma douleur arrive aujourd'hui à son terme, que ma souffrance arrive à son extrémité, et qu'une fois pour
toutes je sorte de ces hésitations et de ces débats ;
mais jusqu'alors assistez-moi, ô cieux, assistez-moi.

Entre Astolphe avec le portrait.

ASTOLPHE : Voici, madame, le portrait. Mais ah,
Dieu !

ROSAURE : Pourquoi Votre Altesse reste-t-elle
étonnée ? D'où vient cette stupeur ?

ASTOLPHE : De ce que je t'entends, Rosaure, et
te vois.

ROSAURE : Moi, Rosaure ? Votre Altesse s'est
méprise si elle me prend pour une autre dame,
car je suis Astrée, et mon humilité ne mérite pas
l'excessif honneur de vous causer un tel trouble.

ASTOLPHE : C'en est assez, Rosaure, de vouloir
m'abuser, parce que l'âme ne saurait mentir, et la
mienne a beau te voir en Astrée, elle t'aime en
tant que Rosaure.

ROSAURE : Je n'ai pas compris Votre Altesse ; aussi ne sais-je lui répondre. Tout ce que je puis dire, c'est qu'Étoile — elle pourrait être celle de Vénus — a voulu que j'attende ici Votre Altesse et la prie en son nom de me remettre ce portrait, ce qui est bien légitime, et que je le lui rapporte moi-même. Ainsi en a décidé Étoile, parce que même les choses les plus insignifiantes, pourvu qu'elles soient à mon détriment, c'est Étoile qui en décide[1].

ASTOLPHE : Ah ! que tu sais mal dissimuler, Rosaure, en dépit de tous tes efforts ! Dis à tes yeux d'accorder leur musique à ta voix, car on ne peut empêcher que détonne et sonne faux un ins-trument si discordant qui voudrait ajuster et régler la fausseté de qui prononce les paroles à la véracité de qui éprouve les sentiments.

ROSAURE : Je dis encore que j'attends seule-ment le portrait.

ASTOLPHE : Puisque tu veux pousser jusqu'au bout la fiction, je veux y recourir pour te répondre. Tu diras, Astrée, à l'Infante que je la tiens en si haute estime que je juge trop peu déli-cat, lorsqu'elle me réclame un portrait, de le lui envoyer et qu'en conséquence, pour qu'elle en mesure la valeur et le prix, je lui envoie l'original ; et toi, tu es en mesure de le lui porter puisque déjà tu le portes avec toi, pour peu que tu te portes toi-même.

ROSAURE : Lorsque quelqu'un se propose de mener à bien une entreprise, y engageant sa réso-lution, sa fierté et sa vaillance, et qu'il y échoue, même s'il a reçu par quelque négociation une chose de plus grande valeur, il revient penaud et passe pour un niais. Moi je viens chercher un portrait, et même si je rapporte un original de plus grande valeur je reviendrai penaude ; que Votre Altesse, donc, me donne ce portrait, car je suis résolue à ne point m'en revenir sans lui.

ASTOLPHE : Et comment donc feras-tu pour l'emporter, puisque je suis résolu à ne point te le donner ?

ROSAURE : Comme ceci. Lâche-le, ingrat.

ASTOLPHE : C'est peine perdue.

ROSAURE : Vive Dieu, il ne tombera pas dans les mains d'une autre femme !

ASTOLPHE : Tu es effrayante.

ROSAURE : Et toi déloyal.

ASTOLPHE : Allons, en voilà assez, ma Rosaure.

ROSAURE : Moi ta Rosaure, manant ? Tu mens.

Entre Étoile.

ÉTOILE : Astrée, Astolphe, que se passe-t-il ?

ASTOLPHE *[à part]* : C'est Étoile.

ROSAURE, *à part* : Que l'amour m'inspire un artifice pour recouvrer mon portrait ! *[Haut :]* Si tu veux savoir ce qui se passe, maîtresse, c'est moi qui te le dirai.

ASTOLPHE : Que prétends-tu faire ?

ROSAURE : Tu m'as ordonné d'attendre ici Astolphe et de lui réclamer un portrait de ta part. Je me suis retrouvée seule, et comme les idées surgissent facilement de l'enchaînement des pensées, t'entendant parler de portraits, à cette évocation je me suis souvenue que j'en avais un de moi dans ma manche. J'ai voulu le voir, car une personne seule se divertit d'extravagances; de ma main il est tombé à terre; Astolphe, arrivant pour te remettre celui d'une autre dame, l'a ramassé, et il est si récalcitrant à donner celui que tu lui réclames, qu'au lieu d'en donner un, il veut en garder un autre puisque malgré toutes mes prières et mes exhortations, je ne puis encore obtenir qu'il me rende le mien; prise de colère et perdant patience, j'ai voulu le lui arracher; celui qu'il tient à la main est le mien, tu le constateras en examinant seulement s'il me ressemble.

ÉTOILE : Lâchez ce portrait, Astolphe.

Elle le lui prend.

ASTOLPHE : Madame...

ÉTOILE : Ses nuances ne maltraitent pas la vérité.

ROSAURE : N'est-ce point le mien?

ÉTOILE : Quel doute cela fait-il?

ROSAURE : Dis-lui de te remettre l'autre tout de suite.

ÉTOILE : Prends ton portrait et va-t'en.

ROSAURE *[à part]* : J'ai recouvré mon portrait; maintenant advienne que pourra.

Elle sort.

ÉTOILE : Donnez-moi tout de suite le portrait que je vous ai demandé; car encore que je ne pense pas vous revoir ni vous parler jamais, je ne veux pas qu'il reste en votre pouvoir, non, je ne le veux pas, ne serait-ce que pour l'avoir si sottement demandé.

ASTOLPHE, *à part* : Comment me tirer d'un si

mauvais pas? [*Haut :*] Malgré tout mon désir, belle Étoile, de te servir et de t'obéir, je ne saurais te donner le portrait que tu me demandes, parce que…

ÉTOILE : Tu es un amant vulgaire et grossier. Je n'en veux pas, garde-le, parce que moi non plus je ne veux pas que tu me rappelles, si je le recevais, que j'ai pu, moi, te le demander.

Elle sort.

ASTOLPHE : Attends, arrête, écoute, songe que… Que le diable t'emporte, Rosaure ! D'où, comment ou de quelle façon es-tu venue aujourd'hui en Pologne pour me perdre et pour te perdre ?

Il sort.
On découvre Sigismond comme au début,
vêtu de peaux de bêtes et enchaîné, dormant
par terre. Entrent Clothalde, Clairon et les
deux serviteurs.

CLOTHALDE : Vous allez le laisser ici, car aujourd'hui son arrogance prend fin là où elle a commencé.

PREMIER SERVITEUR : Je rattache la chaîne comme elle était.

CLAIRON : N'achève pas de te réveiller, Sigismond, pour te voir abandonné de la fortune qui s'est muée en infortune, ta gloire illusoire n'ayant été qu'une ombre de la vie et une flamme de la mort.

CLOTHALDE : Pour qui sait si bien raisonner, il convient que l'on prépare un logis où il ait tout loisir d'argumenter. C'est lui que vous allez empoigner et enfermer dans la salle que voici.

CLAIRON : Pourquoi moi ?

CLOTHALDE : Parce qu'il faut toute la rigueur de cette prison pour garder un Clairon qui sait des secrets en un lieu où il ne puisse se faire entendre.

CLAIRON : Est-ce moi, par hasard, qui prétends donner la mort à mon père ? Non. Ai-je précipité du balcon, moi, l'autre piteux Icare[1] ? Est-ce moi qui meurs et qui ressuscite, moi qui rêve ou qui dors ? Pourquoi m'enferme-t-on ?

CLOTHALDE : Tu es Clairon.

CLAIRON : Eh bien, désormais je déclare que je serai cornet et que je me tairai, car c'est là un médiocre instrument.

> *On l'emmène. Entre le roi Basile, le visage dissimulé par son manteau.*

BASILE : Clothalde !

CLOTHALDE : Sire, c'est ainsi qu'arrive Votre Majesté ?

BASILE : La sotte curiosité de voir ce qu'il arrive ici à Sigismond — ah, quelle tristesse ! — m'a fait venir de cette façon.

CLOTHALDE : Vois-le là-bas ramené à sa pitoyable condition.

BASILE : Ah, prince infortuné et né sous une triste étoile ! Va-t'en maintenant le réveiller, puisque a perdu de sa force et de son efficacité ce lotus[2] qu'il a bu.

CLOTHALDE : Il est agité, Sire, et il parle.

BASILE : Que peut-il rêver maintenant ? Allons, écoutons-le.

SIGISMOND, *dans ses rêves* : Il est un prince miséricordieux celui qui châtie des tyrans. Que Clothalde meure par mes mains, et que mon père me baise les pieds.

CLOTHALDE : Il me menace de mort.

BASILE : Et moi d'un cruel affront.

CLOTHALDE : Il se propose de m'ôter la vie.

BASILE : Il forme le projet de m'humilier à ses pieds.

SIGISMOND, *dans ses rêves* : Que sur la vaste place du grand théâtre du monde[1] se montre ma valeur sans égale, pour que ma vengeance soit complète ; que tous voient triompher de son père le prince Sigismond. *(Il s'éveille.)* Mais ah, malheureux ! Où suis-je ?

BASILE *[à Clothalde]* : Eh bien moi, il ne me verra pas. Tu sais ce qu'il te reste à faire ; je vais t'écouter de là-bas.

Il se met à l'écart.

SIGISMOND : Est-ce bien moi, d'aventure ? Est-ce moi qui, prisonnier et chargé de fers, en viens à me voir dans cet état ? Vous, tour, n'êtes-vous point mon sépulcre ? Si. Mon Dieu, que de choses j'ai rêvées !

CLOTHALDE *[à part]* : C'est à moi de m'avancer pour lui donner le change, maintenant. *[Haut :]* L'heure est donc venue du réveil ?

SIGISMOND : Oui, l'heure du réveil est venue.

CLOTHALDE : Vas-tu passer tout le jour à dormir ? Depuis que longuement j'ai suivi du regard le vol de cet aigle[1] et durant le temps où tu es resté ici, jamais tu ne t'es réveillé?

SIGISMOND : Non, et maintenant je ne me suis toujours pas réveillé, car autant que j'en puisse juger, Clothalde, je suis encore en train de dormir; en quoi je ne dois guère me tromper, parce que si ce que j'ai vu tangible et réel n'a été qu'un songe, ce que je vois doit être irréel; et puisque je vois quand je suis endormi, il n'est pas étonnant que, dans ma détresse, je rêve quand je suis éveillé.

CLOTHALDE : Dis-moi ce que tu as rêvé.

SIGISMOND : Encore qu'il se soit agi d'un songe, je vais te dire, Clothalde, non ce que j'ai rêvé, mais bien ce que j'ai vu. Je me suis éveillé et je me suis vu (quelle cruauté délectable!) sur une couche qui aurait pu par ses diaprures et ses couleurs être le lit des fleurs qu'a tissé le printemps. Là, mille gentilshommes prosternés m'appelèrent leur prince et me présentèrent parures, bijoux et habits. La suspension de mes sens fit place à la joie, grâce à toi qui m'appris mon bonheur; car j'ai beau être dans l'état que voici, c'est prince de Pologne que j'étais.

CLOTHALDE : J'ai dû être bien récompensé pour la bonne nouvelle.

SIGISMOND : Pas très bien : la violence et la rage au cœur, pour ta félonie deux fois je te donnais la mort.

CLOTHALDE : Pour moi tant de rigueur?

SIGISMOND : De tous j'étais le maître et de tous je me vengeais. Il n'y a qu'une femme que j'aimais; que tout ait disparu et que cela seul reste encore me porte à croire que cela fut réel.

Le roi sort.

CLOTHALDE *[à part]* : Le roi s'en est allé, ému de l'avoir entendu. *[Haut :]* Comme nous avions parlé de cet aigle, c'est d'empires que tu as rêvé ; mais dans tes songes il eût été bon d'honorer alors celui qui t'a élevé au prix de tant de soins, Sigismond, car même dans les songes on ne perd rien à bien faire[1].

Il sort.

SIGISMOND : Il a raison. Eh bien, réprimons ce caractère brutal, cette furie, cette ambition, pour le cas où il nous arriverait de rêver, et assurément, nous le ferons, puisque nous sommes dans un monde si singulier que vivre, ce n'est que rêver, et que l'expérience m'enseigne que l'homme qui vit rêve ce qu'il est, jusqu'au réveil. Le roi rêve qu'il est roi et vit dans cette illusion, ordonnant, disposant et gouvernant ; et ces louanges qu'il reçoit à titre précaire sont inscrites sur du vent et changées en cendres par la mort (la cruelle infortune !) ; et il se trouve quelqu'un pour vouloir régner, en sachant qu'il se réveillera dans le sommeil de la mort ! Le riche rêve dans sa richesse, qui lui apporte un surcroît de soucis ; le pauvre rêve qu'il subit sa misère et sa pauvreté ; il rêve celui qui commence à s'élever, il rêve celui qui se démène et sollicite, il rêve celui qui outrage et offense : bref, dans le monde tous rêvent ce qu'ils sont, bien que nul ne s'en rende compte. Moi je rêve que je suis ici, chargé de ces fers, et j'ai rêvé que je me voyais dans une autre condition plus flatteuse. Qu'est-ce que la vie ? Un délire. Qu'est-ce que la vie ? Une illusion, une ombre, une fiction ; et le plus grand bien est peu de chose, car toute la vie est un songe et les songes sont des songes[1].

TROISIÈME JOURNÉE

Entre Clairon.

CLAIRON : Dans une tour enchantée, à cause de ce que je sais, je vis enfermé. Que me fera-t-on pour ce que j'ignore, si pour ce que je sais on m'a tué ? Quoi, un homme qui a tant d'appétit, en être arrivé à mourir en vie ? Je me fais pitié ; tout le monde va dire : «Je le crois sans peine», et en effet on peut bien le croire, car pour moi ce silence ne s'accorde pas avec le nom de Clairon, et je suis incapable de me taire. J'ai ici pour me tenir compagnie (si je puis parler ainsi) des araignées et des souris : mélodieux chardonnerets, en vérité ! Depuis mes rêves de cette nuit ma pauvre tête est remplie de mille clarinettes, de trompettes et de sornettes, de processions, de croix, de flagellants ; et de ceux-ci les uns montent et les autres descendent, d'autres défaillent à la vue du sang dont les autres sont couverts ; tandis que moi, pour dire la vérité, c'est d'inanition que je défaille, car je me vois dans cette prison où j'ai désormais pour pâture tous les jours le poète

O-vide et tous les soirs la diète de Pologne[1]. Si le dicton fait du silence un saint[2], comme sur un nouveau calendrier, pour moi c'est la Saint-Secret puisque pour lui j'observe le jeûne et ne fais point la fête[3] ; encore que soit bien mérité le châtiment que je reçois puisque, étant valet, je me suis tu, ce qui est le plus grand des sacrilèges.

> *Bruit de tambours et d'hommes d'armes.*
> *Une voix, en coulisse :*

PREMIER SOLDAT : C'est dans cette tour qu'il est. Abattez la porte et entrez tous.

CLAIRON : Vive Dieu ! C'est moi qu'ils cherchent, c'est sûr, puisqu'ils disent que je suis ici. Que peuvent-ils me vouloir ?

> *Entrent les soldats, aussi nombreux que possible.*

PREMIER SOLDAT : Allons, entrez.

DEUXIÈME SOLDAT : Il est là.

CLAIRON : Il n'y est pas.

TOUS : Sire…

CLAIRON *[à part]* : Ces gens-là seraient-ils saouls ?

DEUXIÈME SOLDAT : C'est toi notre prince ; nous n'acceptons et ne voulons que notre seigneur légitime, et non un prince étranger ; donne-nous tes pieds à baiser.

TOUS : Vive notre grand prince !

CLAIRON *[à part]* : Vive Dieu, mais c'est pour de bon ! Serait-ce la coutume dans ce royaume d'emprisonner un homme chaque jour et de le faire prince pour ensuite le ramener à cette tour ? Assurément, puisque je le vois pratiquer chaque jour ; force m'est de jouer mon rôle.

TOUS : Donne-nous tes pieds.

CLAIRON : Je ne puis, parce que j'en ai besoin pour moi, et ce serait une tare d'être un prince qui ne tienne pas debout[1].

DEUXIÈME SOLDAT : Nous avons tous dit à ton père en personne que nous ne reconnaissons que toi pour prince, et non celui de Moscovie.

CLAIRON : À mon père vous avez manqué de respect ? Vous n'êtes que des marauds.

PREMIER SOLDAT : La loyauté de nos cœurs nous a guidés.

CLAIRON : Si c'est la loyauté, je vous pardonne.

DEUXIÈME SOLDAT : Pars restaurer ton empire. Vive Sigismond !

TOUS : Vive Sigismond !

CLAIRON *[à part]* : Sigismond, disent-ils ? Allons bon ! Ils appellent Sigismond tous les princes de contrefaçon.

Entre Sigismond.

SIGISMOND : Qui parle ici de Sigismond ?

CLAIRON *[à part]* : Parions que je suis un prince avorté.

DEUXIÈME SOLDAT : Qui est Sigismond ?

SIGISMOND : Moi.

DEUXIÈME SOLDAT : Alors toi, comment avais-tu l'audace et la sottise de te faire passer pour Sigismond ?

CLAIRON : Pour Sigismond, moi ? Je le nie, car c'est vous qui m'avez sigismondifié ; en conséquence, c'est à vous seulement qu'appartiennent la sottise et l'audace.

PREMIER SOLDAT : Grand prince Sigismond —

car la description qu'on nous a faite de toi te cor-
respond, encore que ce soit avec une foi aveugle
que nous te proclamons notre souverain —, ton
père le grand roi Basile, redoutant que les cieux
n'accomplissent un destin qui prophétise que,
vaincu par toi, il doit se voir couché à tes pieds,
prétend te priver de l'exercice de tes droits et les
déférer à Astolphe, duc de Moscovie. Il a pour
cela convoqué son Conseil mais le peuple, ayant
découvert à présent et sachant qu'il a un roi légitime, ne veut pas qu'un étranger vienne le gou-
verner et c'est pourquoi, faisant fi noblement du
destin inclément, il est venu te chercher où tu vis
prisonnier afin que, fort de ses armes et sortant
de cette tour pour reconquérir ta couronne et
ton sceptre impériaux, tu les arraches à un tyran.
Alors, viens; dans ce désert en effet une armée
nombreuse de séditieux et plébéiens t'acclame;
la liberté t'attend, écoute ses accents.

[DES VOIX] EN COULISSE : Vive Sigismond ! Vive
Sigismond !

SIGISMOND : Une fois encore (ô cieux, qu'est-ce
donc ?) vous voulez que je fasse un rêve de grandeurs que le temps défera ? Une fois encore vous
voulez que je voie, parmi des ombres et de vagues
apparences, la majesté et le faste dissipés par le
vent ? Une fois encore vous voulez que j'affronte
la désillusion et les vicissitudes dont le pouvoir
des hommes subit la loi en naissant et vit toujours
menacé ? Eh bien non, cela ne sera pas; voyez-
moi une fois encore soumis à ma fortune; et
puisque je sais que toute cette vie est un songe,
allez-vous-en, ombres qui d'une apparence de

corps et de voix abusez mes sens privés de vie,
lorsqu'en réalité vous n'avez ni voix ni corps ; car
je ne veux point de majestés feintes, je ne veux
point de fastes imaginaires, illusions qui doivent
se dissiper au plus léger[1] souffle du zéphyr, tout
comme l'amandier fleuri dont les fleurs, parce
que trop tôt venues, à l'étourdie et à la légère,
s'éteignent au premier souffle, de leurs roses bou-
tons flétrissant et ternissant la beauté, l'éclat et la
parure. Je vous connais maintenant, oui, je vous
connais et je sais que vous faites de même avec
quiconque s'endort ; pour moi il n'est plus de fic-
tions car, détrompé à présent, je sais fort bien que
la vie est un songe.

DEUXIÈME SOLDAT : Si tu penses que nous te
trompons, tourne les yeux vers cette montagne
altière afin de voir la troupe qui y attend pour
t'obéir.

SIGISMOND : J'ai déjà vu ce même spectacle
aussi clairement et distinctement que je le vois
maintenant, et c'était un songe.

PREMIER SOLDAT : De grands événements, souverain seigneur, ont toujours été annoncés par
des présages, et ce devait être le cas si tu l'as
d'abord vu en songe.

SIGISMOND : Tu as raison, c'était un présage, et
pour le cas où il se vérifierait, puisque la vie est si
courte, rêvons, mon âme, rêvons une fois encore,
mais que ce soit en prenant garde et en considérant que nous devons au moment le plus imprévu
nous réveiller de ce bonheur ; si en effet nous
nous souvenons de cela la désillusion sera
moindre, car c'est déjouer le malheur que de le

devancer par la pensée. Sachant ainsi d'avance que, lors même qu'il serait réel, tout pouvoir est d'emprunt et doit être rendu à son possesseur, affrontons tous les risques. Vassaux, je vous remercie de votre loyauté ; vous avez en moi quel-qu'un qui saura, avec audace et adresse, vous soustraire à la servitude étrangère. Sonnez l'appel aux armes, car bientôt vous verrez mon immense vaillance ; contre mon père je suis décidé à prendre les armes et à faire que les cieux n'aient pas menti : je veux le voir bientôt à mes pieds. *[À part :]* Et si pourtant je me réveillais avant ? Ne ferais-je pas bien de ne pas l'annoncer, pour le cas où je ne l'accomplirais pas ?

TOUS : Vive Sigismond ! Vive Sigismond !

Entre Clothalde.

CLOTHALDE : Ciel ! Que signifie ce tumulte ?
SIGISMOND : Clothalde !
CLOTHALDE : Seigneur… *(À part :)* C'est sur moi qu'il exerce sa cruauté.
CLAIRON *[à part]* : Je parie qu'il le précipite du haut de la montagne.

Il sort.

CLOTHALDE : Je viens me mettre à tes pieds royaux, et je sais que c'est pour mourir.
SIGISMOND : Relève-toi, mon père, relève-toi, car c'est toi qui seras la boussole et le guide à qui je me fierai pour la réussite de mon entreprise ; je sais bien en effet que je dois mon éducation à ta grande loyauté. Serre-moi dans tes bras.
CLOTHALDE : Que dis-tu ?

SIGISMOND : Que je suis dans un songe et que je veux bien me conduire, car on ne perd rien à bien se conduire, même au milieu des songes[1].

CLOTHALDE : Alors, seigneur, si bien te conduire est désormais ta devise, assurément tu ne seras pas offensé que je m'emploie à faire de même. Tu vas faire la guerre à ton père ; moi je ne puis te conseiller contre mon roi ni t'assister. Je suis prosterné à tes pieds : donne-moi la mort.

SIGISMOND : Manant, traître, ingrat ! *[À part :]* Mais ô cieux, il faut que je me domine, car je ne sais pas encore si je suis éveillé. *[Haut :]* Clothalde, j'envie votre vertu et vous en sais gré ; partez servir le roi, nous nous retrouverons sur le champ de bataille. Vous autres, sonnez l'appel aux armes.

CLOTHALDE : Je te baise mille fois les pieds.

Il sort.

SIGISMOND : Allons régner, fortune ; ne m'éveille pas si je dors, et si c'est la réalité ne m'endors pas ; mais que ce soit réalité ou songe, bien se conduire est ce qui importe : si c'était la réalité, parce que cela l'est, et sinon, afin de nous faire des amis pour l'heure de notre réveil.

Ils sortent et on appelle aux armes.
Entrent le roi Basile et Astolphe.

BASILE : Qui donc pourra, Astolphe, arrêter avec calme la furie d'un cheval emballé ? Qui, contenir le flot d'un fleuve qui court à la mer, dévalant impétueusement ? Qui, retenir d'un bras robuste un roc détaché du sommet d'un mont ? Eh bien,

on a vu tout cela facile à arrêter, mais une populace insolente et déchaînée, jamais. Peut en
témoigner la rumeur partagée en factions, puisque
l'on entend retentir dans la profondeur des montagnes l'écho qui répète les «Astolphe!» des uns
et les «Sigismond!» des autres. Le dais où l'on
allait te jurer fidélité, rabaissé à de nouveaux des-
seins, à une horreur nouvelle, est devenu le
funeste théâtre où la fortune vient à contretemps
représenter des tragédies.

ASTOLPHE : Sire, que s'interrompent les réjouis-
sances, que soient suspendues les acclamations et
la joie flatteuse que me promettait ta main bienfai-
sante, car si la Pologne (sur laquelle je compte
régner) est rebelle aujourd'hui à mon obéissance,
c'est afin que je la mérite d'abord. Donnez-moi un
cheval et que, plein d'arrogance, descende comme
l'éclair celui qui fait ostentation du tonnerre[1].

Il sort.

BASILE : Il n'est guère de parade à ce qui est
infaillible et ce qui est prévu comporte bien du
danger[2] ; si cela doit être, la défense est impossible, car la meilleure précaution est encore d'éviter d'en prendre. Dure loi ! Cruelle fatalité !
Horreur terrible ! Qui croit fuir le danger tombe
dans le danger ; par cela que je destinais à me pré-
munir je me suis perdu moi-même, et c'est moi
qui ai détruit ma patrie.

Entre Étoile.

ÉTOILE : Si par ta présence, souverain seigneur,
tu ne tentes pas de dompter l'émeute qui a éclaté

et qui, gagnant d'une faction à l'autre, se répand dans les rues et sur les places avec la dissension, tu verras ton royaume nager dans des flots d'écarlate, baigné de la pourpre de son sang ; car déjà, de funeste façon, ce ne sont partout que malheurs, et que tragédies partout. Si grande est la ruine de ton empire, si grande la violence des excès cruels et sanglants, que les yeux en sont effarés et l'oreille épouvantée ; le soleil se trouble et le vent se fige ; chaque pierre élève une pyramide et chaque fleur dresse un catafalque, chaque édifice est un mausolée altier, chaque soldat un squelette vivant.

Entre Clothalde.

CLOTHALDE : Dieu soit loué, j'arrive vivant à tes pieds !

BASILE : Alors, Clothalde, qu'en est-il de Sigismond ?

CLOTHALDE : Que la populace, monstre déchaîné et aveugle, a pénétré dans la tour et de ses profondeurs a tiré son prince qui, dès qu'il s'est vu de nouveau accéder à de nouveaux honneurs, s'est montré plein d'ardeur, déclarant farouchement vouloir faire que le ciel n'ait pas menti.

BASILE : Donnez-moi un cheval, car c'est moi en personne qui veux par ma vaillance vaincre un fils ingrat ; et maintenant, pour la défense de ma couronne, que triomphe le glaive là où la science a échoué.

Il sort.

ÉTOILE : Eh bien moi, aux côtés du soleil je serai Bellone[1] ; je compte inscrire mon nom auprès du tien, car je vais voler, toutes ailes déployées, pour rivaliser avec la divinité de Pallas.

> *Elle sort, et on sonne l'appel aux armes.*
> *Entre Rosaure, et elle retient Clothalde.*

ROSAURE : Bien que la bouillante ardeur enfermée dans ton cœur t'appelle à grands cris, c'est moi qu'il te faut écouter ; car je sais, moi, que tout est guerre. Tu le sais, je suis arrivée en Pologne pauvre, humble et malheureuse, et me plaçant sous la protection de ta valeur j'ai trouvé en toi de la compassion. Tu m'as ordonné — ah, ciel ! — de vivre au palais sous un nom d'emprunt et de chercher, dissimulant ma jalousie, à éviter Astolphe. Finalement il m'a vue, et foule si bien aux pieds mon honneur qu'après m'avoir vue il entretient de nuit Étoile dans un jardin ; je m'en suis procuré la clé et pourrai te fournir l'occasion de t'y introduire pour mettre fin à mon souci. Maintenant tu pourras, montrant ta fierté, ton audace et ta force, secourir mon honneur, puisque tu es résolu désormais à me venger en lui donnant la mort.

CLOTHALDE : Il est vrai que dès l'instant où je t'ai vue un élan m'a poussé à faire pour toi, Rosaure — et tes larmes en ont témoigné —, tout ce que pourrait ma vie. Mon premier soin fut de te faire abandonner l'habit que tu portais afin que, si Astolphe venait à te voir, il te vît dans tes vrais habits et ne mît pas sur le compte de l'indécence cette folle effronterie qui fait outrage à l'honneur. Je méditais alors un projet qui permît que ton honneur perdu fût recouvré, dussé-je —

tant le souci de ton honneur me donnait d'audace — donner la mort à Astolphe. Quel délire
d'un instant! Encore que, puisqu'il n'était pas
mon roi, je n'en éprouve ni effroi ni étonnement.
J'ai pensé lui donner la mort; c'est alors que Sigismond entreprit de me la donner à moi et que sur-
vint Astolphe pour prendre ma défense au mépris
du danger qu'il courait lui-même, me donnant de
sa bienveillance des preuves qui, par-delà même
la vaillance, allaient jusqu'à la témérité. Comment donc, je te le demande, vais-je pouvoir à
présent, moi qui n'ai pas le cœur ingrat, donner
la mort à qui m'a donné la vie? Aussi, mon atta-
chement et ma sollicitude étant partagés entre
vous deux, quand je songe que je t'ai donné la
vie[1] et que je l'ai reçue de lui, je ne sais à quel parti
me ranger, je ne sais quel parti secourir; engagé
envers toi pour avoir donné, je le suis envers lui
pour avoir reçu, de sorte que dans le présent
débat rien ne satisfait mon amour parce que je
suis à la fois l'agent et le patient.

ROSAURE : Je n'ai pas besoin d'indiquer que,
chez un homme hors du commun, autant l'acte
de donner est noble, autant recevoir rabaisse; et
partant de ces prémisses tu n'as pas à lui être
reconnaissant, attendu que, dès lors que c'est lui
qui t'a donné la vie et toi qui me l'as donnée,
c'est une évidence que par lui ta noblesse a été
contrainte à un geste qui rabaisse, et par moi à un
acte généreux. Donc par lui tu es offensé, donc
de moi tu es l'obligé, attendu qu'à moi tu as
donné ce que de lui tu as reçu; et par conséquent
tu dois te porter au secours de mon honneur en si

grand péril, car j'ai la primauté sur Astolphe, autant que donner prévaut sur recevoir.

CLOTHALDE : Bien que la noblesse réside du côté de celui qui donne, la reconnaissance pour un geste noble est du côté de qui reçoit; et puisque j'ai déjà su donner, j'ai déjà attaché à un nom respectable le renom de généreux; ne me refuse pas celui de reconnaissant, que je puis gagner en me montrant aussi reconnaissant que libéral, puisqu'on s'honore autant à donner qu'à recevoir.

ROSAURE : De toi j'ai reçu la vie et tu m'as dit toi-même, quand tu me l'as donnée, qu'une vie dans l'infamie n'était pas une vie; donc je n'ai rien reçu de toi, puisque c'est une vie qui n'est pas une vie[1] que ta main m'a donnée; et si tu dois être libéral avant que d'être reconnaissant — comme je l'ai entendu de ta bouche —, j'attends que tu me donnes la vie, car tu ne me l'as point donnée; et puisqu'on se grandit davantage à donner, sois d'abord libéral, tu seras reconnaissant ensuite.

CLOTHALDE : Vaincu par ton argumentation, je serai d'abord libéral. Je te donnerai mes biens, Rosaure, et tu entreras dans un couvent; le remède que je cherche ainsi est bien imaginé, puisque tu te sauves d'un crime et trouves refuge dans un lieu sacré[2]; car au moment où le royaume, si déchiré, est en proie aux malheurs, je ne veux pas contribuer, moi qui suis né noble, à les accroître. Grâce au remède choisi je suis loyal envers le royaume, je suis libéral envers toi, et envers Astolphe reconnaissant; j'espère donc que tu trouveras bon d'y recourir, tout cela restant entre nous, car vive Dieu, je ne saurais faire plus, même si j'étais ton père !

ROSAURE : Si tu étais mon père, je souffrirais cette injure, mais comme tu ne l'es pas, non.

CLOTHALDE : Que comptes-tu donc faire ?

ROSAURE : Tuer le duc.

CLOTHALDE : Une dame qui n'a pas connu de père a pu avoir tant de valeur ?

ROSAURE : Oui.

CLOTHALDE : Qui te pousse ?

ROSAURE : Ma réputation.

CLOTHALDE : Songe que tu vas voir Astolphe devenir…

ROSAURE : Mon honneur ne s'arrête à rien.

CLOTHALDE : … ton roi, et l'époux d'Étoile.

ROSAURE : Vive Dieu, cela ne sera pas !

CLOTHALDE : C'est folie.

ROSAURE : Je le vois bien.

CLOTHALDE : Alors, surmonte-la.

ROSAURE : Je ne saurais.

CLOTHALDE : Alors tu perdras…

ROSAURE : Je le sais.

CLOTHALDE : … vie et honneur.

ROSAURE : Je n'en doute pas.

CLOTHALDE : Que prétends-tu donc ?

ROSAURE : Ma mort.

CLOTHALDE : Songe que c'est un acte de désespoir.

ROSAURE : Un acte d'honneur.

CLOTHALDE : Un acte insensé.

ROSAURE : Un acte de vaillance.

CLOTHALDE : Du délire.

ROSAURE : De la rage, de la fureur.

CLOTHALDE : En somme, aucun moyen ne s'offre à ta passion aveugle ?

ROSAURE : Non.

CLOTHALDE : Qui t'aidera ?

ROSAURE : Moi.

CLOTHALDE : Cela est sans remède ?

ROSAURE : Sans remède.

CLOTHALDE : Examine bien s'il est d'autres façons…

ROSAURE : Me perdre d'une autre manière.

> *Elle sort.*

CLOTHALDE : Puisque tu dois te perdre, attends, ma fille, et perdons-nous tous.

> *Il sort.*
> *On entend des tambours, et entrent des soldats en marche, Clairon, et Sigismond vêtu de peaux de bêtes.*

SIGISMOND : Ah ! Si Rome, dans les triomphes de sa première époque, me voyait en ce jour, comme elle se réjouirait de voir s'offrir une si rare occasion d'avoir pour conduire ses grandes armées un lion féroce dont la fougue altière tînt pour une petite entreprise la conquête du firmament ! Mais cessons de voler si haut, ô mon esprit ; n'enflons pas à ce point cette gloire qui n'est peut-être qu'un rêve, si c'est pour regretter, quand je serai réveillé, de ne l'avoir obtenue que pour la voir évanouie, car moindre elle aura été, moindres seront les regrets si elle doit s'évanouir.

Sonnerie de clairon en coulisse.

CLAIRON : Sur un cheval véloce (pardonne-moi, mais je ne puis me dispenser de le dépeindre, dès lors que l'occasion m'en est offerte), un cheval sur qui se dessine avec minutie une carte de l'univers, son corps étant la terre, la fougue qui habite son cœur le feu, son écume la mer, et l'air le souffle qu'il exhale, confusion d'éléments qui me donne à voir un chaos (puisque par la fougue, l'écume, le corps, l'haleine, il est un monstre fait de feu, de terre, de mer et de vent), un cheval au pelage tacheté, un cheval gris d'autant plus moucheté que, comme une mouche, le fait virevolter[1] à son gré celui qui l'éperonne, et qui vole au lieu de courir, arrive en ta présence une femme de belle prestance.

SIGISMOND : Sa splendeur m'éblouit.

CLAIRON : Vive Dieu, mais c'est Rosaure !

Il sort.

SIGISMOND : C'est le ciel qui la ramène en ma présence.

Entre Rosaure, en casaque[2], avec une épée et une dague.

ROSAURE : Généreux Sigismond, dont l'héroïque majesté sort des ténèbres de sa nuit pour que brille le jour de ses exploits, et semblable au plus grand des astres qui dans les bras de l'aurore vient rendre sa lumière aux fleurs et aux roses et qui sur les mers et les monts quand il fait paraître sa couronne répand sa clarté, baigne les cimes et frange les écumes, puisses-tu renaître au monde

en éclatant soleil de Pologne, si à une femme
infortunée qui à tes pieds se jette aujourd'hui tu
apportes ta protection, parce que femme et parce
que malheureuse : deux raisons dont chacune est
suffisante, dont chacune est superflue, pour créer
des obligations à un homme qui se flatte d'être
valeureux. Voici la troisième fois que je t'étonne,
la troisième que tu ignores qui je suis, puisque
trois fois tu m'as vue sous un costume et une
apparence différents. La première fois tu m'as
prise pour un homme, dans la rigoureuse prison
où ta vie servit de réconfort à mes malheurs. La
deuxième, tu m'as contemplée en femme, quand
les splendeurs de ta majesté furent un songe, une
chimère, une ombre. La troisième, c'est en ce jour
où, hybride de deux espèces, au milieu de mes
atours de femme je porte des armes d'homme.
Pour que, pris de compassion, tu te prépares
mieux à me protéger, il est bon que tu écoutes les
tragiques péripéties qu'a connues ma vie. Je
naquis à la cour de Moscovie d'une mère noble
qui, à en juger par ses infortunes, dut être très
belle[1]. Sur elle jeta son dévolu un homme parjure
dont ma bouche tait le nom parce que je l'ignore,
et dont la valeur m'est connue à travers la mienne ;
car lorsqu'il m'arrive de l'imaginer[2], je regrette à
présent de n'être pas née païenne pour me persuader follement que ce fut l'un de ces dieux qui,
métamorphosés en pluie d'or, en cygne et en taureau, font pleurer Danaé, Léda et Europe[3]. À
l'instant où je craignais d'allonger mon récit en
citant ces perfidies légendaires, je m'aperçois que
par là je t'ai révélé, en peu de mots, que ma mère,

persuadée par de belles paroles d'amour, fut
belle comme aucune d'elles ne le fut, et malheureuse comme elles toutes. Cette sotte excuse
d'une promesse et d'un serment de mariage l'af-
fecte à tel point qu'aujourd'hui encore elle acca-
pare son esprit[1], car il fut un tyran si digne émule
d'Enée pour la Troie qu'elle était, qu'il lui abandonna jusqu'à son épée[2]. Que sa lame ici rentre
au fourreau, car je la dégainerai avant que l'histoire ne s'achève. C'est donc de ce nœud mal fait
qui n'attache ni ne retient — mariage ou crime,
on ne sait, encore que ce soit tout un — que je
naquis, ressemblant tant à ma mère que j'en fus la
reproduction, la copie, sinon pour la beauté,
pour le sort et les œuvres ; aussi n'aurai-je pas
besoin de te dire que, peu chanceuse héritière de
fortunes, j'eus à affronter la même tourmente
qu'elle[3]. Tout ce que je pourrai te dire de moi,
c'est le nom de l'amant qui ravit les trophées de
mon honneur, les dépouilles de ma réputation.
Astolphe — ah, malheureuse ! Quand je prononce son nom mon cœur s'emplit de colère et
de ressentiment, comme il en va d'ordinaire lorsqu'on prononce le nom d'un ennemi —, Astolphe
donc fut l'amant ingrat qui, oublieux de son
triomphe (car d'un amour passé on oublie jusqu'au souvenir), s'en vint en Pologne, appelé par
la gloire de la conquérir, pour épouser Étoile, qui
fut le flambeau marquant mon crépuscule. Alors
que de tout temps c'est une étoile qui a réuni
deux amants, qui croira que ce soit une Étoile qui
les sépare aujourd'hui ? Et moi, outragée, bafouée,
je fus plongée dans la tristesse, dans la folie, je ne

fus plus qu'une morte, murée dans moi[1], c'est-à-
dire que toute la confusion de l'enfer se trouva
résumée dans la Babylone que j'étais ; et, m'en-
fermant dans un mutisme parlant — car il est des
peines et des tourments qui s'expriment bien
mieux par les marques d'un trouble que par la
bouche —, j'exprimai mes peines en ne disant
mot, jusqu'au jour où, alors que nous étions
seules, Violante ma mère (ah, ciel !) brisa leur prison, et ensemble elles s'échappèrent de mon
cœur dans le désordre, en se bousculant. Je
n'éprouvai pas d'embarras à les dire, car dès lors
que l'on sait que la personne à qui l'on raconte
ses faiblesses fut complice d'autres faiblesses, c'est
comme si elle vous y invitait en vous précédant[2] et
vous rassurait, comme quoi parfois le mauvais
exemple a du bon. Bref, elle écouta mes doléances
avec compassion et voulut me consoler par les
siennes : avec quelle facilité un juge absout d'un
délit qu'il a lui-même commis ! Tirant la leçon de
sa propre expérience, et ne voulant plus s'accorder la facilité de l'inaction et abandonner au
temps le soin de remédier à son déshonneur, elle
ne prit pas ce moyen dans mes malheurs. Et de
choisir, comme un meilleur parti à prendre, que
je le suive et que je l'oblige, par d'extraordinaires
marques d'amour, à payer la dette de mon honneur ; et pour qu'il m'en coûtât moins cher, ma
bonne fortune voulut que je prisse des habits
d'homme. Elle décrocha une ancienne épée, qui
est celle que je porte à ma ceinture ; le moment est
venu maintenant que sa lame soit tirée du fourreau, comme je l'ai promis, puisque, se fiant aux

signes qu'elle porte, elle me déclara : « Pars pour
la Pologne et fais en sorte que les nobles du plus
haut rang voient sur toi ce glaive dont tu te pares,
car il pourra se faire qu'auprès de l'un d'eux tes
malheurs trouvent un accueil compatissant et tes
afflictions une consolation. » J'arrivai donc en
Pologne, en effet. Passons vite — puisqu'il importe
peu de le relater et que nous le savons déjà —, sur
la façon dont une bête qui prend le mors aux
dents me conduit à ta grotte où toi, tu t'émer-
veilles de me voir. Alors — passons vite — Clothalde embrasse ma cause avec passion, il demande
ma vie au roi, le roi lui accorde ma vie et lui, ayant
appris qui je suis, me persuade de reprendre mes
vrais habits et d'entrer au service d'Étoile afin que
mon ingéniosité y trouve le moyen de faire obstacle à l'amour d'Astolphe et d'empêcher qu'Étoile
devienne son épouse. C'est alors — passons vite
— qu'une fois encore ma vue te remplit de confusion et qu'encore mes habits de femme t'empê-
chèrent d'identifier mes deux apparences; et
venons-en à ce que Clothalde, persuadé qu'il est
de son intérêt qu'Astolphe et la belle Étoile se
marient et montent sur le trône, me conseille, à
l'encontre de mon honneur, d'abandonner ma
prétention. Moi, voyant que toi, ô valeureux Sigismond — pour qui sonne l'heure de la vengeance
puisque le ciel veut que tu brises les barreaux de
cette rustique prison où ta personne fut un fauve
pour ce qu'elle ressentait, un roc pour ce qu'elle
endurait —, tu prends les armes contre ta patrie
et contre ton père, je viens t'aider, mêlant aux
coûteuses parures de Diane[1] l'équipage guerrier

de Pallas, avec pour habit maintenant et l'étoffe
et l'acier qui tous les deux à la fois me servent
d'ornement. En avant donc, hardi capitaine ! Il
importe à nous deux ensemble d'empêcher et de
rompre ces noces concertées : à moi pour que ne
prenne pas femme celui qui se nomme mon
époux, et à toi pour éviter que, réunissant leurs
deux États, ils ne rendent incertaine notre victoire par une puissance et une force accrues. En
femme, je viens te persuader de réparer mon
honneur, et en homme, je viens te donner courage pour reconquérir ta couronne. En femme, je
viens t'attendrir quand je me jetterai à tes pieds,
et en homme, je viens te servir quand j'apporterai
mon secours à tes troupes. En femme, je viens
pour que tu prennes ma défense dans mon
outrage et mon affliction, et en homme, je viens
prendre la tienne avec mon glaive et ma personne. Et de même, prends-y garde, si aujourd'hui,
en femme, je suis l'objet de tes sollicitations[1],
je saurai, en homme, te donner la mort pour
défendre dans l'honneur ma réputation, parce
que je suis résolue à être, dans cette entreprise de
conquête amoureuse, femme pour te donner un
sujet de plaintes, et homme pour gagner des honneurs.

SIGISMOND *[à part]* : Ô cieux, s'il est vrai que je
rêve, interrompez ma mémoire, car il n'est pas
possible que dans un rêve contiennent tant de
choses à la fois. Dieu me protège ! Ah, si je pouvais savoir me délivrer de toutes ou ne penser à
aucune ! A-t-on jamais vu des tourments si remplis
de doutes ? Si cette majesté où je me suis vu, je l'ai

rêvée, comment se fait-il que cette femme maintenant m'en rapporte des preuves si notoires ? Ce
fut donc réalité, et non point songe ; mais si ce fut
réalité — nouvelle et non moindre perplexité —,
comment ce que j'ai vécu me fait-il la qualifier de
songe ? Ainsi donc les gloires ressemblent tant
aux songes que les vraies sont tenues pour men-
songères et les fictives pour réelles ? Entre les
unes et les autres il est donc si peu de différence
que cela fait question de savoir si ce que l'on voit,
ce dont on jouit, est illusion ou réalité ? La copie
est donc si semblable à l'original que l'on hésite à
décider s'il s'agit bien de la copie ? Alors, s'il en
est ainsi et si l'on doit voir évanouies dans les
ténèbres la grandeur et la puissance, la majesté et
la magnificence, sachons mettre à profit cet instant qui nous est donné, puisque ce dont on jouit
au milieu d'elles n'est que ce dont on jouit dans
les songes. Rosaure est en mon pouvoir, mon âme
adore sa beauté : profitons donc de l'occasion ;
que l'amour enfreigne les lois qu'imposent la vaillance et la confiance avec lesquelles elle se pros-
terne à mes pieds. Ceci est un songe, et puisque
c'en est un, vivons des bonheurs en songe sans
attendre, car ensuite ils deviendront chagrins.
Mais voici que par mes propres arguments je
cherche encore une fois à me convaincre moi-
même ! Si c'est un songe, si c'est une vaine gloire,
qui donc pour une vaine gloire humaine consent
à perdre une gloire divine ? Quelle félicité passée
n'est-elle pas un songe ? Est-il quelqu'un qui a
connu des bonheurs insignes et qui ne dise à part
soi, quand il les remue dans sa mémoire : « Nul

doute que tout ce que j'ai vu, c'était un songe » ?
Puisque mes yeux dessillés voient cela clairement,
puisque je sais que le plaisir est une belle flamme
que transforme en cendres le premier vent qui
souffle, faisons le choix de l'éternité, qui est la
gloire impérissable où jamais les bonheurs ne
s'endorment, où les grandeurs ne connaissent pas
de repos. Rosaure est dépouillée de son honneur ;
le rôle d'un prince est plutôt de donner l'honneur que de l'ôter. Vive Dieu, je veux faire la
conquête de sa réputation avant celle de ma couronne ! Fuyons la tentation, elle est trop terrible.
[Haut :] Toi, sonne pour appeler aux armes, car
c'est aujourd'hui que je veux livrer la bataille,
avant que l'ombre obscure n'ensevelisse les
rayons d'or dans la glauque noirceur des ondes.

ROSAURE : Seigneur, est-ce ainsi que tu me
quittes ? Ni mon souci ne peut donc me valoir ni
ma détresse mériter de toi ne serait-ce qu'un seul
mot ? Comment est-il possible, seigneur, que tu
ne me regardes ni ne m'écoutes ? Ne peux-tu
même tourner ton visage vers moi ?

SIGISMOND : Rosaure, il importe à l'honneur
que, pour être pitoyable envers toi, je sois cruel
envers toi en cet instant. Si ma voix ne te répond
pas, c'est pour que te réponde mon honneur, si je
ne te parle pas, c'est que je veux que mes actes
parlent pour moi, et si je ne te regarde pas, c'est
qu'il est nécessaire, dans un si cruel tourment,
que ne considère pas ta beauté celui qui doit
considérer ta réputation.

Ils sortent[1].

ROSAURE : Quelles sont ces énigmes, ô cieux ? Après tant de chagrin, il faut de surcroît que je sois plongée dans la perplexité par des réponses équivoques ?

Entre Clairon.

CLAIRON : Madame, est-ce l'heure de te voir ?

ROSAURE : Ah ! Clairon, où étais-tu tout ce temps ?

CLAIRON : Enfermé dans une tour, à guetter les signes de ma mort, à guetter sur les cartes du jeu si sort la bonne ou la mauvaise couleur, et pour peu que fût sortie une figure, à ce quitte ou double la mise raflée eût été ma vie, car j'ai vu venir l'instant où le clairon allait éclater[1].

ROSAURE : Et pourquoi donc ?

CLAIRON : Parce que je sais le secret de ta naissance ; et en effet Clothalde… *(Roulements de tambours en coulisse.)* Mais quel est ce bruit ?

ROSAURE : Qu'est-ce que cela peut être ?

CLAIRON : C'est que du palais assiégé sort une troupe d'hommes armés pour repousser et vaincre celle du farouche Sigismond.

ROSAURE : Comment donc puis-je lâchement être encore là, et non à ses côtés déjà pour être l'étonnement du monde, quand déjà tant de cruauté se rue dans une mêlée confuse et sans lois ?

Elle sort.

DES VOIX EN COULISSE : Vive notre victorieux Roi !

D'AUTRES VOIX : Vive notre liberté !

CLAIRON : Vivent la liberté et le Roi ! Qu'ils vivent à la bonne heure, car moi rien ne me chagrine pourvu que j'entre en ligne de compte. Quant à moi, restant à l'écart en ce jour parmi tant de confusion, que je joue le rôle de Néron, lequel ne se souciait de rien[1]; encore que j'entende me soucier d'une chose, et ce sera de moi-même. Bien caché, je verrai d'ici toute la fête. L'endroit est dissimulé et bien protégé au milieu de ces rochers ; comme la mort ne saura m'y trouver, je lui fais la figue[2] des deux mains.

> *Il se cache. On entend un bruit d'armes. Entrent le roi, Clothalde et Astolphe, en fuite.*

BASILE : Est-il un roi plus malheureux ? Est-il un père plus persécuté ?

CLOTHALDE : Ton armée vaincue est en déroute et reflue à la débandade.

ASTOLPHE : Les traîtres ont remporté la victoire.

BASILE : Dans des batailles de cette sorte, ce sont les vainqueurs qui sont loyaux, les vaincus qui sont les traîtres. Fuyons donc, Clothalde, la cruelle, l'inhumaine rigueur d'un fils tyran.

> *On entend des coups de feu en coulisse, et Clairon blessé tombe de sa cachette.*

CLAIRON : Que le ciel m'assiste !

ASTOLPHE : Quel est ce malheureux soldat qui est tombé à nos pieds, tout baigné de sang ?

CLAIRON : Je suis un homme infortuné qui, pour avoir voulu me garder de la mort, l'ai cherchée. En la fuyant, je m'y suis heurté, car pour la

mort il n'est point de lieu secret; par quoi il est
clairement démontré que plus on veut se dérober
à ses effets, plus on en hâte l'échéance. Aussi,
retournez, retournez vite au combat sanglant,
puisque parmi les armes et le feu il y a plus de
sécurité que dans le mont[1] le mieux préservé; car
il n'est pas de chemin sûr pour échapper à la
force du destin et à l'inclémence du sort; et donc,
quoique vous alliez vous délivrer de la mort en
fuyant, songez que vous allez mourir, si Dieu a
décidé que vous devez mourir.

                              Il s'écroule en coulisse.

BASILE : « Songez que vous allez mourir, si Dieu
a décidé que vous devez mourir » ! Oh ! ciel,
comme il sait bien persuader notre erreur, notre
ignorance, de mieux prendre conscience, ce
cadavre qui parle par la bouche d'une blessure,
l'humeur qu'elle déverse étant une langue de
sang qui nous enseigne la vanité de toutes les dispositions par quoi l'homme s'emploie à lutter
contre une force et une causalité supérieures !
Ainsi moi, pour avoir voulu épargner à ma patrie
meurtres et séditions, l'ai-je finalement livrée à
ceux-là mêmes que je prétendais lui épargner.

CLOTHALDE : Quoique le destin, Sire, connaisse
tous les chemins et sache trouver l'homme qu'il
cherche entre deux épais rochers, ce n'est pas
juger en chrétien que de dire qu'on ne peut faire
obstacle à sa fureur. Si, on le peut, car l'homme
sage parvient à vaincre le destin; et si tu n'es pas
préservé de la peine et du malheur, fais en sorte
de t'en préserver.

ASTOLPHE : Clothalde, Sire, te parle avec la sagesse de l'âge mûr, moi avec l'ardeur de la jeunesse. Il y a là, parmi les branches touffues de ce mont, un cheval véloce, engendré par le vent ; enfuis-toi sur lui, et moi pendant ce temps je protégerai ta retraite.

BASILE : Si Dieu a décidé que je dois mourir ou si la mort ici m'attend, aujourd'hui je veux la chercher, et rester là pour la voir face à face.

> *On entend appeler aux armes, et entre Sigismond, avec toute la troupe d'acteurs.*

SIGISMOND : Dans l'enchevêtrement de ce mont, parmi ses branches touffues le roi se cache. Suivez-le ; qu'il ne reste sur ses cimes pas une plante qui ne soit inspectée avec soin, tronc après tronc, branche après branche.

CLOTHALDE : Enfuis-toi, Sire !

BASILE : À quoi bon ?

ASTOLPHE : Que prétends-tu faire ?

BASILE : Écarte-toi, Astolphe.

CLOTHALDE : Que prétends-tu faire ?

BASILE : User, Clothalde, d'un dernier moyen. Si c'est moi que tu cherches, Prince, je suis là à tes pieds. Que leur serve de blanc tapis la neige de mes cheveux ; foule aux pieds ma nuque et piétine ma couronne ; humilie, traîne à terre ma dignité et ma majesté ; venge-toi aux dépens de mon honneur ; dispose de moi comme esclave ; et finalement, après tant de précautions prises, que le destin soit fidèle à sa promesse, et le ciel fidèle à sa parole.

SIGISMOND : Illustre Cour de Pologne, vous qui

êtes les témoins de tant d'événements incroyables,
écoutez bien, car c'est votre prince qui vous parle.
Ce qui est déterminé par le ciel et que sur une
table d'azur écrivit le doigt de Dieu dont les mysté-
rieux signes et les marques sont gravés sur les
vastes pages azurées qu'ornent des lettres d'or,
cela jamais ne ment, jamais ne trompe ; qui ment
et trompe est en effet celui qui pour en faire mauvais usage les déchiffre et en perce le sens. Mon
père, qui est ici présent, pour avoir voulu se soustraire à la férocité de mon naturel, a fait de moi
une bête, un fauve humain ; en sorte que, lors
même que par ma singulière noblesse, par mon
sang généreux, par ma brillante qualité, je fusse né
docile et humble, à elles seules une telle sorte de
vie, une telle façon de m'élever eussent suffi à
rendre mes mœurs féroces. Le beau moyen de les
empêcher ! Si l'on disait à n'importe quel homme :
« Quelque bête inhumaine te donnera la mort »,
serait-ce un bon remède qu'il choisirait d'aller les
réveiller alors qu'elles dormiraient ? Si on lui
disait : « Cette épée que tu portes à ta ceinture sera
l'instrument de ta mort », ce serait vaine précaution pour l'éviter que de la tirer alors du fourreau
et de la placer sur sa poitrine. Si on lui disait :
« L'immensité des flots sera ta sépulture, te faisant
un mausolée d'argent », il agirait mal en se lançant
sur la mer lorsqu'elle s'enfle et soulève de houleux
monts de neige, d'ondoyantes montagnes de cristal. Il est arrivé la même chose à mon père qu'à
celui qui, parce que le menace la férocité d'une
bête, la réveille ; qu'à celui qui, redoutant une
épée, la tire du fourreau ; qu'à celui qui va agiter

les ondes de la tempête ; et lors même — écoutez-
moi bien — que ma rage eût été une bête endor-
mie, ma fureur une épée au fourreau, ma violence
un immobile calme plat, on ne peut vaincre la destinée par l'injustice et la vengeance : on ne fait au
contraire que mieux la provoquer ; et donc, si l'on
se propose de vaincre sa destinée, ce doit être par
la prudence et la modération. Ce n'est pas avant
que se présente le malheur que s'en préserve et
s'en protège celui qui le prévoit ; car bien qu'il lui
soit permis — c'est chose évidente — de s'en préserver humblement, c'est seulement lorsqu'il se
trouve à l'heure du danger, parce que celle-ci, il
n'est nul moyen pour l'empêcher de venir. Que
servent d'exemple cet extraordinaire spectacle, ce
sujet d'étonnement inouï, cette horreur, ce prodige ; car rien ne peut frapper davantage que d'en
arriver à voir, en dépit de précautions si diverses,
un père prosterné à mes pieds, et un monarque
ainsi déchu. C'était une sentence du ciel ; il a eu
beau faire pour s'y opposer, lui n'a pas pu la
vaincre, et je le pourrai pourtant, moi qui n'ai ni
ses cheveux blancs, ni sa valeur ni sa science. *[À
Basile :]* Relève-toi, seigneur, donne-moi ta main,
car maintenant que le ciel t'ouvre les yeux sur l'erreur que tu as commise quant au moyen de le
vaincre, mon cou attend humblement que tu te
venges : me voici prosterné à tes pieds.

BASILE : Mon fils, car un si noble geste au fond
de mon cœur pour la seconde fois t'engendre, tu
es Prince. C'est à toi que sont dus le laurier et la
palme ; c'est toi qui as vaincu : que tes hauts faits
te couronnent !

TOUS : Vive Sigismond, vive Sigismond !

SIGISMOND : Puisque désormais ma valeur se promet de remporter de grandes victoires, je remporterai aujourd'hui la plus haute, la victoire sur moi-même. Qu'Astolphe sur-le-champ donne la main à Rosaure, puisqu'il sait que c'est une dette de son honneur, et c'est moi qui la ferai acquitter.

ASTOLPHE : Il est vrai que j'ai contracté envers elle des obligations ; songe pourtant qu'elle ne sait pas qui elle est, et je ne puis sans m'abaisser et sans déchoir épouser une femme qui...

CLOTHALDE : Ne poursuis pas, arrête, attends. Rosaure en effet est aussi noble que toi, Astolphe, et mon épée en répondra en champ clos, car elle est ma fille, et cela suffit.

ASTOLPHE : Que dis-tu ?

CLOTHALDE : Que jusqu'à la voir mariée, en possession de sa noblesse et de son honneur, je n'ai pas voulu révéler qui elle est. C'est une bien longue histoire ; mais bref, elle est ma fille.

ASTOLPHE : Puisqu'il en est ainsi, je tiendrai donc ma parole.

SIGISMOND : Eh bien, pour qu'Étoile ne reste pas inconsolée à l'idée qu'elle perd un prince de si grande valeur et de si grand renom, je vais de ma propre main lui donner un époux qui, s'il ne le surpasse pas en mérite et en fortune, au moins l'égale. Donne-moi ta main, Étoile.

ÉTOILE : Je gagne à recevoir pareil bonheur.

SIGISMOND : Quant à Clothalde, qui loyalement a servi mon père, mes bras ouverts l'attendent, avec toutes les faveurs qu'il demandera à recevoir de moi.

PREMIER SOLDAT : Si tu honores ainsi qui ne t'a pas servi, à moi qui ai provoqué le soulèvement du royaume et qui t'ai tiré de la tour où tu étais, que me donneras-tu?

SIGISMOND : La tour; et pour que tu n'en sortes jamais jusqu'à ta mort, tu y seras sous bonne garde; car on n'a plus besoin du traître une fois la trahison passée.

BASILE : Ton talent fait l'émerveillement de tous.

ASTOLPHE : Quelle transformation dans le caractère!

ROSAURE : Quelle sagesse et quelle prudence!

SIGISMOND : Qu'y a-t-il là qui vous émerveille et qui vous étonne, sachant que j'ai eu pour maître un songe, et que je redoute encore dans mes angoisses de devoir me réveiller et me trouver une fois de plus dans les murs de ma prison? Et quand cela ne serait pas, il suffit de seulement le rêver; car c'est ainsi que j'ai appris que tout le bonheur humain, finalement, se dissipe comme un songe; et je veux aujourd'hui profiter du mien le temps qu'il durera, et demander pardon pour nos fautes, tant il est vrai que les pardonner est ce qui distingue des cœurs nobles[1].

DOSSIER

CHRONOLOGIE
(1600-1681)

1600. Pedro Calderón de la Barca naît à Madrid d'une famille d'hidalgos dont le manoir (*solar*) se situe dans la Montagne (*la Montaña*), cœur de la noblesse vétéro-chrétienne de Castille. Il est le troisième enfant — et le deuxième fils — de don Diego, secrétaire au Conseil des Finances, qui l'année suivante suivra la cour à Valladolid, choisie comme nouvelle capitale d'Espagne par Philippe III.

1606. Retour de la famille à Madrid, redevenue définitivement capitale du royaume.

1608-1613. Pedro entre au Collège impérial, où il est — comme le seront Corneille, Descartes ou Bossuet en France — élève des jésuites, dont il ne reniera jamais l'enseignement (rhétorique, composition de lieu, liberté de l'homme…).

1614. Il entre à l'université d'Alcalá de Henares, située à proximité de Madrid, où il étudie la logique et la rhétorique et où il restera trois ans.

1615. Mort de son père (sa mère est morte en 1610), dont le testament révèle le caractère très autoritaire, pour ne pas dire despotique : il y déshérite, en cas de mariage intempestif, non seulement son fils aîné, mais aussi un de ses enfants naturels, qu'il a pourtant abandonné depuis longtemps. Quant au futur dramaturge, il est rappelé à l'ordre et voit confirmée son obligation de suivre une carrière ecclésiastique pour profiter d'une chapellenie fondée par sa grand-mère maternelle.

1617. Inscription à l'université de Salamanque : études d'histoire, de philosophie, de théologie et de droit canonique et civil. Détail piquant et révélateur d'une attitude peu conformiste : il y est excommunié puis emprisonné pour n'avoir pas terminé de payer son loyer.

1620. Abandon de la carrière ecclésiastique et retour à Madrid. Premiers essais poétiques d'importance à l'occasion des fêtes célébrées pour la béatification de saint Isidore, patron de Madrid, qui sera canonisé en 1622, avec un nouveau concours poétique où notre auteur remportera plusieurs prix.

1621. Avec son frère aîné (Diego) et son frère cadet (José), Pedro est impliqué dans la mort violente du fils d'un membre de la maisonnée du Connétable de Castille. Réfugiés à l'ambassade d'Allemagne, les trois frères échapperont à la prison mais devront payer une lourde indemnité qui les obligera à vendre la charge de leur père.

1623. Première œuvre dramatique, représentée au Palais royal (*Amour, honneur et pouvoir*).

1629. Premières grandes pièces, qui ouvrent une décennie d'éblouissants chefs-d'œuvre : *La Dame fantôme* et *Maison à deux portes* (comédies de cape et d'épée) ; *Le Prince constant* (tragédie). Quelques vers de cette dernière œuvre font la satire du style ampoulé du père Hortensio Paravicino, grand prédicateur de la cour, et qui s'en était pris au monde du spectacle. La raison en était l'intromission plus qu'irrévérencieuse, dans un couvent de sœurs trinitaires, de Pedro Calderón et de quelques argousins lancés à la poursuite d'un acteur qui avait gravement blessé l'un des frères du poète, personnage décidément impétueux et turbulent. C'est encore vers 1629-1630 que José María Ruano de la Haza (voir bibliographie, p. 148) situe la rédaction de ce que l'on appelle aujourd'hui « la première version de *La vie est un songe* ».

1630-1635. Se succèdent les œuvres maîtresses de la « jeunesse » de Calderón : *La Dévotion à la Croix* (pièce hagiographique) ; *À secret outrage, vengeance secrète* et *Le Médecin de son honneur* (drames d'honneur) ; *Le Plus Grand des sortilèges, l'amour* et *Les Trois Plus Hauts Prodiges* (drames mythologiques) ; *La vie est un songe* (deuxième version) ; *Trois crimes, un châtiment* (tragédie de l'honneur familial).

1636. José, frère de Calderón, publie la *Primera parte de comedias*, recueil de douze pièces dont la première est la version révisée, pour un public de lecteurs, de *La vida es sueño*.

1637. Calderón est fait chevalier de l'ordre militaire de Saint-Jacques. Il entre au service du duc de l'Infantado, auprès de qui il restera jusqu'en 1640. Publication de la *Segunda parte de comedias*. Première du *Magicien prodigieux*.

1640. Rébellion de Catalogne contre la politique du favori, le comte-duc d'Olivarès. Calderón se distingue lors de la campagne militaire, ainsi que son frère José, qui y trouvera la mort en 1645.

1643. Retour à Madrid, où la mort de la reine, l'année suivante, provoque la fermeture des théâtres, une fermeture qui durera, après le décès en 1646 de l'infant Baltasar Carlos, jusqu'en 1649.

1646. Calderón entre pour quatre ans au service du duc d'Albe et établit sa résidence en son palais d'Alba de Tormes, près de Salamanque.

1647. Naissance de son fils naturel, Pedro José, qui mourra dix ans plus tard. Mort de son frère aîné, Diego.

1651. Calderón est ordonné prêtre et prend possession de la chapellenie fondée par sa grand-mère. Il appartient depuis un an au Tiers Ordre de saint François. Il sollicite une autre chapellenie, celle des Nouveaux Rois (les Transtamare) à Tolède, mais il est en butte à l'hostilité du patriarche des Indes, ennemi des théâtres et qui lui reproche sa carrière dramatique. Calderón, à qui l'on a demandé de rédiger les *autos sacramentales* pour la célébration de la Fête-Dieu à Tolède, lui répond superbement : « Écrire pour le théâtre est une bonne ou une mauvaise chose. Si c'en est une bonne, qu'on ne m'en empêche pas ; et si c'en est une mauvaise, qu'on ne m'en donne point l'ordre.» En réalité, 1651 ouvre la seconde grande période d'une activité théâtrale qui ne s'est jamais totalement interrompue. Le dramaturge, désormais, n'écrira plus directement pour les théâtres populaires (*corrales*) mais se consacrera au théâtre de cour (*zarzuelas* proches de l'opéra; pièces mythologiques ou romanesques) ainsi qu'aux pièces sacramentelles (deux par an pour la municipalité de Madrid), dont il est depuis longtemps déjà le spécialiste incontesté. Première représentation de *Tout donner, parfois, c'est ne rien donner* (tragédie des amours contrariées d'Apelle et de Campaspe ainsi que de la générosité d'Alexandre).

1653. Il est finalement nommé chapelain des Nouveaux Rois à Tolède, où il fixe sa résidence. Il y composera, probablement, une exhortation panégyrique au silence, *Psalle et sile* («Chante et fais silence», 525 vers) qu'il publiera en 1662. Représentation de la version complète (en deux parties) de *La Fille de l'air* (Sémiramis).

1663. Il devient chapelain d'honneur de Sa Majesté le roi Philippe IV et revient définitivement à Madrid où il entre dans la Congrégation des prêtres originaires de la capitale. Entre-temps il a donné plusieurs œuvres maîtresses comme *Écho et Narcisse* ou *Le Divin Orphée* (*auto*).

1664. *Tercera parte de comedias.*

1665. Mort de Philippe IV. Les théâtres connaissent une nouvelle période de fermeture prolongée (plus de deux ans), tandis que la municipalité madrilène omet, pendant quatre ans, de financer les productions sacramentelles.

1666. Calderón devient chapelain majeur de sa Congrégation; il entre dans la Confrérie du Refuge des pauvres.

1671. Calderón gagne le premier prix du concours poétique instauré pour la célébration de la canonisation de saint François de Borja (Borgia), duc de Gandie, personnage auquel le dramaturge consacrera une *comedia* et un *auto sacramental.*

1672. *Cuarta parte de comedias. La Statue de Prométhée*, chef-d'œuvre de sa production mythologique.

1673. Deuxième version de l'*auto* intitulé *La vie est un songe*,

dont une rédaction initiale remonte à la première
époque du poète (1636-1638 ?).

1677. *Quinta parte de comedias*. Par ailleurs, Calderón se décide
enfin, sous la pression de ses amis et pour éviter de cala-
miteuses éditions illégales, à publier un recueil de
douze *autos sacramentales*, accompagné de leurs pièces
prologales ou *loas*. Ces dernières, parfois de la plume
de Calderón, ne représentent qu'un aspect de ce que
l'on appelle le «théâtre bref» ou «mineur», genre
dans lequel Calderón a souvent brillé, notamment dans
son versant comique : intermèdes (*entremeses*), danses
(*bailes*), momeries (*mojigangas*), scènes du «milieu»
(*jácaras*), avec un total d'une trentaine d'unités. *Déposi-
tion en faveur de ceux qui exercent le métier de peintre.*

1680. Calderón dresse, pour le duc de Veragua, la liste de
toutes ses *comedias* (on compte aujourd'hui quelque
110 titres). Il écrit sa dernière pièce profane, *Destin et
devise de Leonido et Marfisa*, drame chevaleresque à grand
spectacle, mais qui n'est pas sans rapport avec certains
thèmes de *La vie est un songe*.

1681. Calderón rédige *L'Agneau d'Isaïe*, première des deux
pièces sacramentelles qu'il doit fournir annuellement.
Il meurt le 25 mai avant d'avoir pu achever la seconde,
La Divine Philothée, dernier élément d'un ensemble
(environ 70 titres) sans aucun équivalent dans la littérature européenne.

M. V.

NOTICE

L'universalité du thème de l'équivalence entre vie et songe, si elle a pu contribuer au succès prolongé et général du chef-d'œuvre de Calderón, a trop souvent fait que soit laissée dans l'ombre la spécificité historique d'une pièce écrite dans l'Espagne de Philippe IV. Cela vaut, bien sûr, pour sa dimension *éthique*, qu'on s'est efforcé de caractériser brièvement dans la préface, et devrait obliger à reconsidérer la portée idéologique propre d'une œuvre inscrite dans le vaste mouvement de réflexion, à l'époque, de la conscience aristocratique aussi bien que la signification à accorder à la réponse particulière donnée aux hommes de ce temps qui découvrent avec effroi l'éventualité du silence définitif d'une divinité aux paroles de moins en moins audibles. Mais cela vaut, tout autant, pour la singularité *esthétique* de *La vie est un songe*, en tant qu'elle relève d'un système théâtral original, celui de la *comedia nueva*, qui triomphe alors sans conteste dans la péninsule ibérique et connaît précisément son apogée en cette première moitié du XVIIᵉ siècle. Autrement dit, avant de traverser les époques et les frontières, *La vida es sueño* — c'est sous son titre espagnol qu'on la désignera, intentionnellement, dans les pages qui vont suivre — a été, au sens plein du terme, une *comedia*, avec toutes ses caractéristiques.

I. UNE PIÈCE DE LA DEUXIÈME *COMEDIA*

Une *comedia*, donc, mais qui s'inscrit résolument dans un moment de l'évolution d'un genre littéraire parvenu à sa maturité, dans cette seconde phase que certains historiens désignent aujourd'hui sous l'appellation de « deuxième *comedia* ». L'expression est commode. Elle marque clairement qu'après 1625 un tournant est pris dans l'histoire du théâtre péninsulaire : Ruiz de Alarcón et Tirso de Molina cessent d'écrire pour la scène ; Lope de Vega freine sensiblement sa production dramatique et arrête la publication de ses *partes* (recueils de douze pièces) ; Calderón, surtout, commence à écrire et impose en quelques années l'indiscutable suprématie de son modèle dramatique. Non que celui-ci ne soit l'héritier direct du système dramaturgique lopesque, que Tirso avait déjà repris à son compte, mais parce qu'il lui fait subir de notables infléchissements, aussi bien sur le plan idéologique que sur le plan formel.

C'est ainsi qu'on assiste, chez Calderón et les auteurs de sa génération, à un considérable élargissement de la production tragique, fort restreinte chez un Lope et un Tirso, caractérisés par une nette tendance à l'évacuation ou à la minimisation du tragique. Rien de tel chez l'auteur de *La vida es sueño*, dont la vision tragique, précisément, repose sur l'inversion du schéma lopesque ou tirsien (le triomphe du Bon Père face aux fautes du Fils), afin de constater l'échec multiforme de l'instance paternelle (la victoire douloureuse du Fils face aux carences répétées du Père déchu).

Il n'est, pour le percevoir, rien de plus instructif que l'étude des reprises faites par Calderón de pièces d'auteurs de la génération antérieure — les cas les plus célèbres sont *Le Médecin de son honneur* et *Les Cheveux d'Absalon* —, phénomène que les Espagnols désignent sous l'appellation de *refundición* (refonte), et qui constitue un autre trait caractéristique de la « deuxième *comedia*[1] ». Tel n'est pas, à vrai dire, le cas de *La*

---

1. Albert E. Sloman en étudie les huit cas les plus intéressants dans son ouvrage classique : *The Dramatic Craftmanship of Calderón. His Use of Earlier Plays*, Oxford, The Dolphin Book, 1958.

vida es sueño, si l'on admet, comme on le verra plus avant, qu'une première version en a été rédigée vers 1629-1630. Cette donnée empêche en effet que soit considérée comme source immédiate de la version publiée en 1636 une pièce écrite en collaboration par Antonio Coello et Calderón lui-même en 1634 et intitulée : *Yerros de naturaleza y aciertos de la fortuna* (*Là où nature se trompe, la fortune triomphe*). Mais cela n'invalide en aucune façon les sources moins proches ou décidément lointaines invoquées à propos de notre œuvre, et qu'on peut ranger en trois catégories, selon que l'on considère l'idée que la vie est songe, la fable du dormeur transporté sur un trône ou le thème du prince enfermé à cause d'une prédiction. L'équivalence entre la vie et le rêve est souvent répétée dans l'Ancien Testament (Job, David, Isaïe…) et se retrouve donc dans les exégèses des auteurs chrétiens de toutes les époques ; elle est, au temps de Calderón, un topique d'une très grande fréquence dans la littérature religieuse ou profane. Quant au conte du dormeur, issu des *Mille et Une Nuits*, il est probablement parvenu à Calderón à travers le livre d'exemples intitulé *El conde Lucanor*, composé au XIVᵉ siècle par don Juan Manuel, petit-fils du roi de Castille Ferdinand III. Enfin, notre dramaturge a pu recueillir le motif de l'horoscope de l'infant dans la pièce de Lope de Vega, *Barlaam y Josaphat* ; mais ce drame renvoie à son tour à un thème d'origine sanscrite, connu à travers l'œuvre de saint Jean Damascène (*Lalita-Vistara*) repris tout au long du Moyen Âge espagnol (le *Livre des tromperies des femmes*, vers 1250 ; le *Livre des états*, de don Juan Manuel, vers 1330) et relayé jusqu'à Lope par Juan de Arce Solórzano (*Historia de los soldados de Cristo, Barlaán y Josafat*, 1608 [1]).

Reste que, au-delà de ces sources — et l'on pourrait en citer encore bien d'autres relatives à tel ou tel aspect ou passage de l'œuvre — le thème de *La vida es sueño* traverse tout le théâtre de Calderón : première version, vers 1629-1630, de la *comedia* portant ce titre ; *Yerros de naturaleza…* en 1634 ; révision en 1635 de la *comedia* primitive pour une édition en 1636 [2] ; probable rédaction de la première version de l'*auto sacramental*,

---

1. Voir, pour une étude détaillée des sources de *La vie est un songe*, Félix G. Olmedo, *Las fuentes de « La vida es sueño »*, Madrid, Voluntad, 1928.
2. Voir ci-après les paragraphes consacrés à l'histoire textuelle.

toujours sous le même titre, vers 1636-1638 ; deuxième version de l'*auto sacramental* en 1673 ; publication en 1677 du texte de 1673. On mesure toute l'importance de cet impressionnant ensemble. Mais cela ne doit pas conduire à tout mêler, c'est-à-dire, essentiellement, à interpréter les pièces profanes à partir des pièces sacramentelles, sous le fallacieux prétexte que les *autos*, par leur nature allégorique, permettraient de mieux lire le message universel des *comedias*. Il n'en est rien, ne serait-ce, d'ailleurs, que parce que ces dernières sont antérieures. Mais, surtout, parce que l'adaptation de leur argument aux finalités eucharistiques et aux conventions d'écriture du genre sacramentel impose de considérer chaque œuvre comme un tout esthétiquement autonome, pour ne pas dire indépendant. Qu'on en juge par une brève analyse de l'*auto* de 1673, le plus réussi, justement parce qu'il échappe aux contraintes de la littérarité de l'argument profane. Il s'ouvre par la création de l'univers, quand les Éléments, en constante lutte les uns contre les autres, sont mis en ordre et en harmonie par la voix de Dieu, d'un Dieu en trois personnes : Pouvoir, Sagesse et Amour. L'Homme, à son tour, va être tiré de la prison du non-être, comme Prince héritier de cet univers ; mais, auparavant, le Prince des Ténèbres et l'Ombre imaginent de le perdre en confectionnant un sortilège (le fruit défendu) qui le plongera dans le sommeil de la faute. Ils parviendront à leurs fins, obtenant que l'Homme écoute les suggestions du Libre Arbitre plus que les conseils de l'Entendement. Le sentiment de déréliction du pécheur est total lorsqu'il constate l'abîme qui sépare sa misère présente du souvenir du Royaume précédemment entrevu et s'interroge sur la nature de rêve de son expérience antérieure. Finalement, la Sagesse (le Christ), sensible à ses remords, vient se substituer à lui et se charger de ses chaînes. La Rédemption peut s'accomplir, et l'eucharistie est instituée, afin de garantir la perpétuation du sacrifice salvateur.

II. HISTOIRE DU TEXTE

En matière textuelle, rien de plus contraire aux habitudes françaises d'un Corneille ou d'un Racine que celles des dramaturges espagnols, leurs prédécesseurs ou leurs contemporains. Pour ces derniers, le texte d'une pièce est d'abord, et parfois exclusivement, le manuscrit qu'ils vendent aux directeurs de troupe (*autores*) et sur lequel, dès lors, ils perdent tout droit de propriété et de contrôle. Quand, plusieurs années après, pour l'un ou l'autre motif, ils décident de publier leurs œuvres, il arrive souvent qu'ils ne disposent plus du texte sorti primitivement de leurs mains. Ils essaient alors de le retrouver, parviennent quelquefois à le racheter ou utilisent des copies plus ou moins fidèles du texte original. Ce qui, dans la plupart des cas, les oblige à procéder à de très nombreuses corrections, au point qu'il n'est pas exagéré de parler parfois non de simple révision mais de refonte totale ou de complète réécriture.

C'est, très probablement, ce qui s'est passé avec *La vida es sueño*, selon un processus parfaitement décrit par José María Ruano de la Haza dans sa très récente édition du texte paru à Saragosse en 1636 (Z).[1], la même année où le frère de Pedro Calderón, José, publiait à Madrid ce qui deviendra la version officielle de notre pièce (M). Tout montre en effet que le texte Z constitue une première version de *La vida es sueño*, écrite par Calderón autour des années 1629-1630 et vendue à un *autor*, qui, lui-même, un lustre plus tard, le cède, après combien de corruptions, à un éditeur saragossain fort peu scrupuleux. L'évidence textuelle s'impose : Z n'est pas seulement un texte défectueux, trop longtemps repoussé par une critique qui le jugeait indigne de la plume du dramaturge madrilène. Z est bien le premier état, pour mauvaise qu'en ait été la forme imprimée, d'un texte directement destiné à la scène et que Calderón réécrira en 1635 pour un public de lecteurs, ceux-là mêmes qui achèteront le tome de la *Primera parte de comedias* (M).

Ne nous y trompons pas : l'affaire n'intéresse pas seulement les spécialistes de critique textuelle. La refonte-réécriture de 1635 va beaucoup plus loin qu'un simple arrangement dû à quelque prurit d'hypercorrection ou de peaufinage stylistique. Il s'agit en fait d'une autre pièce, fruit notamment d'une volonté de gommer les « excès » d'une première version

1. José María Ruano de la Haza, *La primera versión de « La vida es sueño » de Calderón*, Liverpool, Liverpool University Press, 1992.

parfois trop crue ou trop explicite et, par voie de conséquence, d'un désir d'universaliser la portée du message. Deux
exemples — un ajout et une suppression — suffiront à faire
comprendre cette profonde modification des intentions cal-
déroniennes.

Le premier cas concerne le fameux monologue qui clôt le
deuxième acte, après le réenfermement de Sigismond dans la
tour. En Z, il se réduit au cadre étroit d'un seul dizain où s'exprime, dans toute sa violence, le désespoir brut du prisonnier
accablé : « Il a raison. Eh bien, réprimons ce caractère brutal,
cette furie, cette passion, s'il nous arrive, à nouveau, de rêver.
Et assurément c'est ce que nous ferons, puisque du doigt nous
touchons que la vie est une illusion, une ombre, une fiction et
que le plus grand bien est peu de chose, car toute la vie est un
songe et les songes sont des songes. » En M, au contraire, sur
un même fond de désespérance, se développe en une large
amplification rhétorique la généralisation par le héros de la
leçon qu'il croit pouvoir tirer de sa récente et très cruelle
expérience (p. 94). De là que tant de critiques aient cru pouvoir y lire la vérité philosophique de l'œuvre ou bien encore
son enseignement moral. Le texte de Z, pour le moins, n'était
pas porteur d'autant d'ambiguïté ni susceptible de donner
lieu à tant de divagations.

C'est à une conclusion analogue que conduira l'analyse de
la suppression en M de quelques vers significatifs de Z dans le
cours de l'entrevue décisive qu'ont Rosaure et Sigismond au
milieu du troisième acte. On sait comment la jeune femme,
enfin rendue à son autonomie d'action par la coupable iner-
tie de son « oncle » Clothalde, vient à la rencontre du prince
libéré et dessine pour lui l'horizon de sa gloire possible, s'il
sait tout à la fois conquérir le trône et restaurer l'honneur de
sa vassale. Aussi, en Z, achève-t-elle son vibrant plaidoyer par
les vers suivants, absents de M : « Restaure ton royaume
invaincu, récupère ton sceptre perdu, libère ta patrie du malheur et assure ta couronne ; rends tes exploits immortels ; fais
que ta mémoire se perpétue, que s'étende ta renommée invin-
cible ; donne matière à ceux qui écriront ton histoire... » La
finalité proposée par la belle et héroïque amazone ne laisse,
en cet instant, aucune place au doute. Il s'agit bien d'un idéal
de gloire profane, qui éclaire d'un jour singulier le contenu

du fameux «*Acudamos a lo eterno, / que es la fama vividora*»
(«Faisons le choix de l'éternité, qui est la gloire impérissable», p. 117), par quoi Sigismond exprime le sacrifice de
son affectivité humaine et le choix de son immortalité divine.
Non pas, à la lumière du passage omis en M, d'une immortalité chrétienne, mais bien d'une renommée laïque à laquelle
aspirent en cette Espagne aristocratique tant de héros de la
littérature. On le voit : une fois encore M — qui gommera également des motivations du prince toute référence à l'impossibilité pour lui, selon l'optique de l'honneur du temps,
d'épouser celle dont un autre a joui — devait ouvrir, par la
subtile indétermination de certaines de ses réécritures, à
d'autres interprétations, porteuses d'universalisation...

III. MÉTRIQUE ET STRUCTURES

Relevant du monde de la *comedia* par son histoire textuelle,
La vida es sueño lui appartient plus encore par les conventions
d'écriture auxquelles elle obéit, qu'il s'agisse de l'usage de la
polymétrie, du genre et du système des personnages, ou du
non-respect des fameuses unités néo-aristotéliciennes.

Le premier de ces aspects est évidemment le plus difficile à
percevoir lorsqu'on n'a devant soi qu'une traduction en prose.
Aussi est-il indispensable, si l'on veut pénétrer véritablement
dans la compréhension des moyens formels mis en œuvre par
Calderón, de revenir, fût-ce rapidement, au texte espagnol et
de prendre en compte le schéma de la versification tel qu'il
figure dans la plupart des éditions modernes[1]. On y verra que
l'auteur de *La vida es sueño* y fait, principalement, usage de
deux mètres fondamentaux : l'octosyllabe et l'hendécasyllabe ;
que l'octosyllabe, mètre national, peut être utilisé à son tour
en séries assonancées indéfinies (le *romance*), ou sous forme
de quatrains (les *redondillas*, aux rimes embrassées : *abba*), de
quintils (les *quintillas*, aux rimes plus diversement combinées)
ou de dizains (les *décimas*, à la structure plus rigide :
abbaaccddc) ; et que l'hendécasyllabe, d'origine italienne, s'y

---

1. Voir, à titre d'exemple, les pages 85-86 de l'édition d'Enrique Rull,
Madrid, Alhambra, 1980.

organise en huitains (les *octavas* : *ABABABCC*) ou s'y combine avec des heptasyllabes pour former des séries ouvertes de distiques rimés (la *silva de pareados*). On y constatera également que les six combinaisons métriques ou formes strophiques ci-dessus désignées, par leur succession ou leur retour éventuel, donnent lieu en réalité, tout au long de la pièce, à dix-sept changements métriques. Et l'on opposera cette intense polymétrie à l'uniformité métrique (l'alexandrin) de l'immense majorité des pièces de Corneille ou de Racine.

Cela dit, l'essentiel reste la signification à attribuer à ces multiples changements. Ils peuvent, à un premier niveau, correspondre à des modulations thématiques ou tonales. Sans qu'on puisse parler, à cet égard, d'un code systématique et intangible — chaque auteur ayant sa propre pratique, elle-même susceptible d'évolutions dans le temps —, il existe en effet un réseau de correspondances entre formes métriques et thèmes ou tonalités particulières de telle ou telle scène. Ainsi, dans *La vida es sueño*, la *silva* sera par trois fois associée à l'intensité émotionnelle des rencontres décisives entre Rosaure et Sigismond. Pareillement, les *décimas* prêteront par deux fois le concours de leur rythme lyrique pour l'élaboration des séquences consacrées à l'expression des plaintes de Sigismond. Quant au *romance*, il est de loin le vers le plus employé (près de 60 % au total, ce qui est un trait propre à l'époque de Calderón), et se présente comme ce qui est le plus proche de la langue ordinaire : à ce titre, il sert en quelque sorte d'excipient et peut remplir des fonctions fort variées, même s'il lui revient spécifiquement d'être le mètre des récits, comme celui de Basile au premier acte ou ceux de Rosaure et de Sigismond au troisième acte. Restent les *redondillas*, les *quintillas* et les *octavas* : les deux premières combinaisons strophiques sont réservées, sans exclusive, à des moments de dialogue plus ou moins vifs, tandis que la dernière — les huitains —, par l'ampleur de ses hendécasyllabes à l'italienne, confère de la gravité et de la solennité aux scènes épiques de la guerre civile vécue par la cour et le monarque.

À un deuxième niveau, en revanche, les variations métriques peuvent jouer un rôle structurant tout à fait caractéristique du théâtre espagnol du Siècle d'or. Mis à part la répartition systématique en trois actes de longueur à peu près égale (une moyenne de mille vers chacun), ce théâtre, en effet, n'offre au lecteur aucune division scénique matérialisée à la française, c'est-à-dire correspondant, par une indication numérique explicite (scène I, scène II, etc.), à l'entrée ou à la sortie d'un personnage.

L'absence de ce recours, fondé principalement sur un critère spatial, n'empêche évidemment pas les dramaturges espagnols de manifester, par d'autres moyens, les étapes du déroulement de leurs productions théâtrales. Au nombre de ces procédés figure en bonne place l'usage de la polymétrie, qui contribue à désigner, par les ruptures auditives qu'elle provoque, les tableaux, séquences ou sous-séquences correspondant aux phases du développement dramatique voulu par l'auteur. À titre d'illustration, plus parlante que tout commentaire, on trouvera ci-après le schéma des divers moments de *La vida es sueño* mis en parallèle avec les modifications métriques qui aident à les rendre perceptibles. On a, pour plus de commodité, indiqué la numérotation des vers du texte espagnol, tout en renvoyant, pour plus de précision, aux divisions introduites dans le résumé qui accompagne la présente notice.

Première Journée

   Premier tableau : L'inconnu(e) aux frontières de Pologne (tour)
     Séquence I : La scène primitive
       Sous-séquence Ia : La chute de Rosaure (*silva*, v. 1-102)
       Sous-séquence Ib : Les plaintes de Sigismond (*décimas*, v. 103-272)
     Séquence II : Le gardien et le père (*romance*, v. 273-474)
   Deuxième tableau : L'ordre règne à Varsovie (palais)
     Séquence III : Le discours du trône
       Sous-séquence IIIa : Les salutations des prétendants (*quintillas*, v. 475-599)
       Sous-séquence IIIb : L'expérimentation de Basile (*romance*, v. 600-985)

Deuxième Journée

   Troisième tableau : La comédie au château (palais)
     Séquence IV : Le conseil du royaume (*romance*, v. 986-1223)

Séquence V : Le palais dont le prince est un enfant
　　Sous-séquence Va : La rencontre avec les autres (*redon-dillas*, v. 1224-1547)
　　Sous-séquence Vb : La rencontre avec l'autre et le retour des autres (*silva*, v. 1548-1723)
　Séquence VI : Astrée (*romance*, v. 1724-2017)
Quatrième tableau : Le prince de Pologne en la tour aboli (tour)
　Séquence VII : Les stances de Sigismond (*décimas*, v. 2018-2187)

Troisième Journée

Cinquième tableau : Le prince libéré (tour)
　Séquence VIII : La résurrection du prince (*romance*, v. 2188-2427)
Sixième tableau : Le troisième meurtre des pères (palais)
　Séquence IX : La guerre civile
　　Sous-séquence IXa : L'échange vassalique (*octavas*, v. 2428-2491)
　　Sous-séquence IXb : Le vassal et le père (*redondillas*, v. 2492-2655)
Septième tableau : Le triomphe du prince (entre la tour et le palais)
　Séquence X : La maîtrise de soi
　　Sous-séquence Xa : L'amazone de Moscovie (*silva*, v. 2656-2689)
　　Sous-séquence Xb : Le héros au-dessus de l'amour (*romance*, v. 2690-3015)
　Séquence XI : La maîtrise des autres
　　Sous-séquence XIa : La mort de Clairon (*redondillas*, v. 3016-3097)
　　Sous séquence XIb : Le nouvel ordre politique (*romance*, v. 3098-3319)

IV. QUESTION DE GENRE

　L'époque n'est pas si lointaine encore où la critique européenne, souvent fermée aux beautés de la littérature dramatique espagnole de l'âge classique, lui déniait, en raison du mélange obligé des genres qui la caractérise, toute capacité d'atteindre au tragique, et niait en conséquence qu'on puisse jamais parler de tragédies espagnoles.

Or, il convient de l'affirmer avec force, *La vida es sueño* occupe l'une des toutes premières places dans le panorama, en soi fort restreint, de la grande tragédie européenne. Il faudra, pour s'en convaincre, se défaire un instant du trop contraignant modèle antique ou de la version à la française qu'en donnent dramaturges et théoriciens du temps de Louis XIV. Et il suffira pour y parvenir, par-delà les préjugés des néo-aristotéliciens obsédés par les règles, d'accepter l'idée de l'existence d'autres formules tragiques, comme celle qu'élaborent, au sein même du moule formel unique de la *comedia*, les auteurs dramatiques de l'Espagne du XVIIe siècle. On peut, sommairement, la définir comme la conjonction, en une même œuvre, de trois éléments essentiels, à savoir le choix de la perspective, l'existence du risque tragique et la mise à distance. Par perspective choisie, l'on entendra l'effet dominant produit sur le public par cet objet esthétique qu'est une pièce de théâtre. Ce sera, dans le cas de *La vida es sueño*, l'angoisse grandissante qui étreint l'assistance au spectacle des situations désespérées vécues par les personnages. Mais pour que naisse ce sentiment, qu'Aristote désignait du double nom de terreur et de commisération, il faut qu'à leur tour soient mis en jeu, à travers les destins personnels, les fondements éthiques, politiques, mythiques ou religieux de la société et de l'individu ; il faut, en d'autres termes, que les périls encourus par les personnages atteignent à la gravité du risque tragique, en sorte que l'auditoire, projetant sur le spectacle, avec toute l'intensité de sa participation affective, le propre souvenir de ses expériences émotives, puisse en partager les affres. On conviendra, à cet endroit, et si l'on accepte les grandes lignes de notre interprétation, que les pulsions profondes — infanticides et parricides — qui œuvrent dans ce grand drame politique et social qu'est *La vida es sueño* situent sans ambages cette pièce dans le domaine de la plus haute tragédie. D'autant plus que Calderón, en grand artiste tragique, a su faire que l'angoisse ainsi engendrée ne se transforme pas en intolérable cauchemar. Pour cela, il ne l'a pas seulement liée par la beauté de son chant poétique ; il a choisi, soigneusement, de l'estomper en projetant sa fable, si chargée des poignantes interrogations de ses contemporains, dans le cadre d'une Pologne fort éloignée spatialement et temporellement de l'univers castillan des années 1630.

Si bien qu'au regard de la triade de caractéristiques que nous venons d'évoquer, *La vida es sueño* peut apparaître comme la forme la plus achevée du modèle tragique *sui generis* inventé par un théâtre situé aux antipodes des conceptions aristotéliciennes ou prêtées par ses commentateurs à l'auteur de la *Poétique*. De là que ce théâtre ne fasse pas cas de plusieurs des critères doctement invoqués pour la distinction des genres, comme ceux de la condition des personnes ou de l'uniformité du ton. À cet égard, le meilleur exemple de ce souple anti-aristotélisme est sans nul doute l'existence, au sein de notre tragédie, du seul personnage toujours présent dans toutes les *comedias* du Siècle d'or : le *gracioso* ou valet comique. Il porte ici le nom, en soi révélateur, de Clairon (*Clarín*). Forme superlative de l'anonymat patronymique d'un valet qui n'a le plus souvent le droit qu'à un prénom, le sobriquet grotesque souligne l'infamie dérisoire de cette entité dramatique, dont l'identité reste précaire jusqu'à sa dilution au terme d'un parcours discontinu. En ce sens, même s'il partage avec d'autres *graciosos*, ses congénères, nombre de défauts classiques de leur engeance — couardise, cupidité, opportunisme, indiscrétion, inconséquence, irresponsabilité... —, Clairon en est une figuration extrême, qui a pu faire dire de lui qu'il était un *gracioso* «chimiquement pur». Formule exacte, il est vrai, à condition d'ajouter «chimiquement pur selon la conception calderonienne de ce rôle». Clairon, en effet, comme le Coquín du *Médecin de son honneur*, mais à la différence des *graciosos* de Lope de Vega, appartient à cette famille de valets comiques qui rompent le cordon domestique qui les unit presque indéfectiblement, dans la *comedia nueva*, à leurs maîtres. Il est, pour parodier la formule caractérisant le héros du roman picaresque, un *gracioso de muchos amos* (un serviteur à maîtres multiples). Adjoint d'abord comme laquais à Rosaure jusqu'à la tentative de corruption de Clothalde, ce «valet chanteur» entre bientôt, comme bouffon, dans la suite burlesque d'un prince dont il suivra, dans toutes ses vicissitudes, la fortune changeante. Puis, après quelques minutes de retrouvailles avec sa première maîtresse, qui le délaisse aussitôt, entraînée dans le mouvement de son ascension héroïque, c'est avec Basile qu'en toute cohérence dramatique il terminera sa carrière de girouette, pure pâte théâtrale malléable à souhait.

L'on perçoit alors que ce toton de fortune, ce pion sur l'échiquier du destin, ne fait cortège aux protagonistes qu'au moment où ils atteignent le plus bas degré de leur tension héroïque et connaissent la tentation du fatalisme ou de l'abandon aux impulsions de leur nature. Ce qui ne laisse pas d'avoir son intérêt au moment d'interpréter le sens de sa mort, événement qui décide Basile à faire face à son fils vainqueur. Loin d'être une révélation illuminatrice et l'occasion d'une conversion, le corps déliquescent de Clairon le fataliste renvoie en fait à la déliquescence de l'âme de son double royal. En dépit de tout ce qu'il doit à son sang et à son rang, le monarque, hypnotisé par cette «langue de sang» (p. 120) dont il se fait l'écho, ne peut en effet y percevoir que le son de sa propre voix. Mais cette fois celle-ci ne dit plus l'horoscope déchiffré par la science, pour frelatée qu'elle soit, d'un astrologue royal; elle est acquiescement à la vulgaire vérité de la sagesse des nations, consentement à une *vox populi* dont le vieillard régnant voudrait faire une *vox dei.*

On comprend que ni Clothalde ni Astolphe ne puissent donner leur assentiment à cette nouvelle démission très originalement signifiée par le singulier usage que fait Calderón de la figure du *gracioso*, utilisée comme catalyseur, par identification et non par répulsion, de la dégradation du personnage royal. Et l'on est à même de conclure — autre trait de la *comedia nueva* en général, et de *La vida es sueño* en particulier — que ce théâtre aristocratique est bien souvent le lieu d'une dénonciation ou d'une rectification des pseudo-vérités de la tradition populaire. Pour en rester à notre seule pièce, il faut savoir par exemple que l'affirmation désolée du prince réenfermé («et les songes sont des songes») renvoyait le spectateur de 1635 non pas tant à une quelconque assertion philosophique débouchant sur une interrogation épistémologique qu'au texte d'une chanson traditionnelle : «*Soñaba yo que tenía / alegre mi corazón, / mas a la fe, madre mía / que los sueños, sueños son*» («Je rêvais que mon cœur était plein de

joie; mais, sur ma foi, ma mère, les songes ne sont que
des songes »).

*

Il semble inutile de poursuivre la démonstration de l'inscription de *La vida es sueño* dans l'univers éthique et esthétique de la *comedia*, ce mot désignant ici — avec cette valeur
générale qui lui fait désigner tout type de pièce et que l'on
retrouve dans « la Comédie française » — l'ensemble du
théâtre espagnol du Siècle d'or. Nous aurions pu, il est vrai,
évoquer encore la question de l'inobservance des sacro-saintes
unités et faire observer que sous l'apparence d'une dualité
d'intrigues se cachait une profonde unité d'action, tandis que
la pluralité des lieux et des temps impliquait une réalisation
scénique en tout point opposée au « réalisme » de nos classiques français. Mais on en aura dit assez pour laisser entendre
que cet ancrage historique, indéniable, ne diminuait en rien
la portée universelle et la valeur moderne de *La vie est un
songe*. Pièce moderne, en effet, puisque depuis le crépuscule
de la divinité elle peut parler à ces hommes que nous sommes
et qui avons vécu la mort de Dieu. Et pièce moderne, encore,
parce que, appartenant à un système théâtral qui échappe
encore aux contraintes des règles classiques ou néo-classiques
aussi bien qu'à l'enfermement dans la boîte scénique à l'italienne, elle se trouve être bien plus proche, de par sa liberté
d'allure et de ton, de nos propres conceptions d'un libre
théâtre.

Marc Vitse

BIBLIOGRAPHIE

ÉDITIONS

La présente traduction est basée sur la seule version « officielle » du texte de *La vida es sueño*, paru pour la première fois dans la :

Primera parte de comedias de don Pedro Calderón de la Barca. Recogidas por don Joseph Calderón de la Barca su hermano, Madrid, por María de Quiñones, a costa de Pedro Coello y de Manuel López, Mercaderes de Libros, 1636.

À côté de cette édition *princeps*, reproduite en facsimilé, ainsi que d'autres éditions fort proches du XVIIᵉ siècle (1640, 1640 pour 1670, 1685), dans *The Comedias of Calderón*, éd. de Don W. Cruickshank et John E. Varey (Londres, Gregg et Tamesis, 1973), il existe une autre version de *La vida es sueño*, considérée aujourd'hui comme la première et parue dans la :

Parte treynta de comedias famosas de varios Autores, Zaragoza, Hospital Real y General de Nuestra Señora de Gracia, 1636.

Elle a été publiée, avec une très longue introduction critique, par :

Ruano de la Haza, José María, *La primera versión de « La vida es sueño » de Calderón*, Liverpool, Liverpool University Press, 1992.

Citons, enfin, deux éditions modernes du texte officiel de Madrid, celle d'Albert E. Sloman (Manchester, Manchester University Press, 1961), qui offre le texte établi avec le plus de rigueur scientifique, et qui, pour cette raison, a été réutilisée par un très grand nombre d'éditions postérieures; celle d'Enrique Rull (Madrid, Alhambra, 1980), qui, outre les 100 pages d'une riche étude préliminaire, contient également le texte de la deuxième version (1673) de l'*auto sacramental* portant le même titre que la pièce profane.

La présente traduction est destinée à paraître dans la Bibliothèque de la Pléiade, t. 2 du *Théâtre espagnol du XVIIe siècle* (le t. 1 a paru en 1994).

ÉTUDES

La vie est un songe n'est pas seulement l'œuvre la plus connue de Calderón; elle demeure sans aucun doute la pièce la plus célèbre du répertoire espagnol et a suscité, à ce titre, une immense bibliographie dont on pourra suivre l'évolution soit dans les introductions aux éditions de référence, soit grâce aux instruments suivants :

Durán, Manuel et González Echevarría, Roberto (éd.), *Calderón y la crítica : historia y antología*, Madrid, Gredos, 1976. (Avec une bonne synthèse sur l'histoire de la critique caldéronienne et la reproduction d'importants articles consacrés à *La vie est un songe*, comme ceux de Francisco Ayala, Cesáreo Bandera, Joaquín Casalduero, Edwin Honig, Michele Federico Sciacca, William H. Whitby et Edward M. Wilson.)
The Bulletin of the Comediantes (États-Unis), qui publie chaque année, depuis un quart de siècle, une bibliographie complète des études consacrées au théâtre espagnol de l'âge classique.

En conséquence, on ne trouvera ci-dessous qu'une brève sélection de travaux rigoureusement limitée soit aux ouvrages

entièrement consacrés à *La vie est un songe*, soit à des titres
accessibles en français :

Aubrun, Charles-Vincent, « La langue poétique de Calderón
de la Barca, notamment dans *La vida es sueño* », dans Jean
Jacquot (éd.), *Réalisme et poésie au théâtre*, Paris, CNRS, 1960,
p. 61-76.

Bodini, Vittorio, *Segni e simboli nella « Vida es sueño »*, Bari,
Adriatica, 1968. (Traduit en espagnol dans le volume du
même auteur, *Estudio estructural de la literatura clásica
española*, Barcelona, Martínez Roca, 1971, p. 11-172.)

Cilveti, Ángel L., *El significado de « La vida es sueño »*, Valencia,
Albatros, 1971.

Julien, A. M., « La mise en scène de *La vie est un songe* », dans
Jean Jacquot (éd.), *Réalisme et poésie au théâtre*, Paris, CNRS,
1960, p. 225-232.

Labarre, Françoise, Mir, Marie-Thérèse et Vitse, Marc, *Jouer la
« comedia ». Le théâtre du Siècle d'or sur la scène française du XVIIe
siècle à nos jours*. Toulouse, Université de Toulouse-Le Mirail
(Centre de Promotion de la Recherche Scientifique), 1995.
(Voir spécialement les p. 10-17 et 52-55, sur les représenta-
tions de *La vie est un songe* données en France.)

Molho, Maurice, « Pouvoir et honneur. Notes sur l'instance du
réel dans *La vie est un songe* », *Cahiers de l'UER d'Études Ibé-
riques de l'Université de la Sorbonne Nouvelle*, 3, 1981, p. 72-86.

Sauvage, Micheline, *Calderón dramaturge*, Paris, L'Arche, 1959.

Shergold, Norman D., « *La vida es sueño* : ses acteurs, son
théâtre et son public », dans Jean Jacquot (éd.), *Dramaturgie
et société*, Paris, CNRS, 1968, p. 93-109.

Souiller, Didier, *Calderón et le grand théâtre du monde*, Paris,
PUF, 1992.

Vitse, Marc, *Segismundo et Serafina*, Toulouse, France-Ibérie
Recherche, 1980. (Voir les pages 7-82, que la préface à la
présente traduction s'est efforcée de synthétiser.)

M. V.

NOTES

Page 35.

1. *Comedia* : ce terme, comme le mot *comédie* en français classique (cf. « la Comédie française »), désignait toute pièce de théâtre, quel que soit son genre ; il pouvait donc être utilisé pour ce qui, en réalité, était une tragédie (voir la notice, « Question de genre », p. 143).

Page 37.

1. L'hippogriffe est un animal fabuleux, monstre ailé, moitié cheval, moitié griffon (le griffon ayant lui-même un corps de lion, une tête et des ailes d'aigle). Ce monstre évoque naturellement l'hippogriffe du *Roland furieux* de l'Arioste (IV, 18), où il est la monture d'Astolphe. Quant à la similitude de nom entre le personnage de l'Arioste et celui de cette pièce, il ne semble pas que l'on puisse en tirer de conclusions.

2. Phaéton, fils du Soleil, faillit, en conduisant le char du Soleil, embraser l'univers à cause de son inexpérience. Zeus, irrité, le foudroya.

Page 38.

1. On peut également interpréter « inquiétante, angoissante », *medrosa* ayant un double sens en espagnol.

2. Je cerne les indices : Clairon, par ignorance ou bouffonnerie, déforme plaisamment en *termino* le verbe *determino*, terme que va d'ailleurs employer Rosaure plus loin et qui signifie « discerner, distinguer, démêler, reconnaître ».

Page 40.

1. Cette phrase a été abondamment commentée. Marcel Bataillon y a vu une influence érasmiste (*Érasme et l'Espagne*, Paris, 1937, p. 306). D'autres se réfèrent plus volontiers au *Livre de Job* (III, 3) ou à l'*Histoire naturelle* de Pline (VII, 1).

Page 42.

1. Le texte dit *tu respeto* (ton respect), ce qui pourrait s'interpréter comme « le respect que tu me témoignes ». Notre choix de traduction s'appuie sur un autre passage de la pièce (p. 79), où dans l'expression *mi respeto* (mon respect) le possessif renvoie clairement à la personne qui est l'objet du respect.

Page 43.

1. Il convient évidemment de comprendre ici « prodige » au sens d'anomalie extraordinaire, de caractère fabuleux ou surnaturel, et « chimère » au sens mythologique (monstre fabuleux qui avait la tête et le poitrail d'un lion, le ventre d'une chèvre, la queue d'un dragon).

2. Ce serait une mort : il faut comprendre qu'en donnant la vie à Sigismond par son apparition, Rosaure lui apporte le bonheur, mais un bonheur dont la privation, une fois qu'il l'a connu, est mortelle ; au reste, « mort », dans l'expression « ce serait une mort », peut être entendu comme « souffrance mortelle ».

3. Un apologue semblable a été rapporté au XIVe siècle par don Juan Manuel dans *El conde Lucanor* (Exemple X, « De ce qui arriva à un homme qui par pauvreté et défaut d'autre aliment mangeait des lupins »), mais ce n'est pas nécessairement la source de Calderón.

Page 45.

1. Dans la mythologie, les géants Aloades entassent le Pélion sur l'Ossa pour attaquer les Olympiens.

Page 46.

1. Les *autos sacramentales* sont des pièces allégoriques en un acte jouées en plein air le jour de la Fête-Dieu et ayant l'eu-

charistie pour thème central. Calderón portera le genre à son point de perfection.

2. Le texte dit littéralement : entre les deux moitiés entremêlé.

Page 47.

1. Thésée, dans la mythologie grecque, se fit reconnaître par son père Égée, roi d'Athènes, au moyen de l'épée que celui-ci avait laissée à dessein en partant à sa mère Aethra.

2. Rosaure confirmera dans la Troisième Journée (p. 113) qu'elle est la fille de Violante.

Page 48.

1. Nous traduisons littéralement *bate las alas*, qui assimile le cœur à un oiseau enfermé dans une cage. Toutefois *alas del corazón* («ailes du cœur») a aussi en espagnol un sens anatomique, et désigne les oreillettes : l'image évoque donc très directement les palpitations du cœur de Clothalde sous le coup de l'émotion.

2. «lui» peut représenter ici le fils, ou bien l'honneur (celui du fils ou celui du père…), ou bien encore «l'amour de moi-même» (*amor propio*).

Page 49.

1. Ce passage se prête à deux interprétations : 1/ je ne sais, de votre infortune ou de la mienne, laquelle est la plus grande ; 2/ je ne sais si la plus grande infortune est de vivre ou de mourir. La première donne au texte une meilleure cohérence.

2. Hyperbole fréquente pour désigner les yeux. Astolphe la répétera, toujours à l'adresse d'Étoile, dans la Deuxième Journée (p. 83).

3. Le mot *salvas*, que l'évocation des balles de mousquet dans la suite de la phrase impose de traduire littéralement, a une acception plus large que son équivalent français : outre le sens de «salve, salut militaire qui se fait avec l'artillerie et la mousqueterie», il «se dit aussi du chant des oiseaux, de leur ramage, du gazouillement qu'ils font quand l'aube du jour paraît».

4. Avant Calderón, Góngora (*Première solitude*, 177) avait

qualifié les oiseaux de «doux grelots de plume sonore», et on rappellera que dans le premier monologue de Sigismond l'oiseau, considéré alors sous son aspect visuel, était «fleur de plume». Par croisement avec les «clairons de plume» que sont les oiseaux, les «oiseaux de métal» évoqués ici sont bien évidemment les clairons.

5. Pallas est, généralement, une épithète rituelle de la déesse Athéna, connue, très fréquemment, sous le nom de Pallas Athéna. Athéna, comme déesse guerrière, avait pour attributs la lance, le casque et l'égide.

Page 50.

1. Clorilène : ce nom imaginaire, ainsi que celui d'Eustorge, sont sans doute empruntés à *Eustorgio y Clorilene, historia moscovita*, de Enrique Suárez de Mendoza (1629).

Page 51.

1. C'est avec les armes de sa beauté qu'Étoile fait la guerre à Astolphe.

2. Si Étoile et Astolphe usent de ces termes hyperboliques à l'intention de Basile, c'est que lui-même se flatte d'avoir acquis une extraordinaire renommée dans les domaines des mathématiques et de l'astronomie (donc de l'astrologie), comme il va le dire, avec emphase, peu après.

Page 52.

1. Lysippe fut, avec Praxitèle et Scopas, l'un des innovateurs de la sculpture grecque au IVe siècle av. J.-C., et Timanthe un peintre grec de la fin du Ve siècle av. J.-C.

Page 53.

1. On notera que l'épouse de Basile porte le même nom que la sœur de son mari, citée précédemment par Astolphe (p. 50). Ceci peut être dû à l'une des sources de *La vie est un songe*, mais il peut aussi s'agir d'une erreur matérielle de transcription.

Page 54.

1. Allusion possible à l'antique croyance selon laquelle la vipère mourait lors de la parturition.

2. L'idée essentielle est que le soleil et la lune engagés dans ce combat singulier (qui décrit en fait une éclipse du soleil), faute de disposer de bras pour se battre, utilisent comme armes leurs lumières respectives. D'où notre traduction.

Page 55.

1. Allusion à la maxime latine *Sapiens dominabitur astris*, à ceci près que le sage, ici, n'est autre que Basile lui-même, tandis que le destin qu'il a entrepris de dominer est celui de Sigismond. Il est de tradition dans la critique caldéronienne de rattacher le thème de l'horoscope et de la possibilité de l'homme de vaincre les astres à un débat théologique plus ample, et particulièrement intense au début du XVIIᵉ siècle, à savoir celui de la prédestination et du libre arbitre. On sait que les jésuites (le père Molina, entre autres) et les dominicains (le père Báñez, tout particulièrement) s'opposèrent dans une polémique violente à propos de la place à accorder à la liberté de l'homme face à la toute-puissance et à l'omniscience de la Providence, au point que le pape Paul V dut intervenir (1607-1611) pour apaiser les esprits et interdire toute future discussion sur le point *de auxiliis divini gratiae* (des secours de la grâce divine). Sans qu'il soit nécessaire d'entrer dans le détail d'argumentations souvent oiseuses et certainement désuètes, on dira que les pères de la Compagnie de Jésus, plus en phase avec l'évolution de la civilisation occidentale et soucieux d'adaptation au monde moderne, mettaient l'accent sur la capacité de l'homme à être agent de sa propre histoire, tandis que les frères prêcheurs, plus traditionnels, insistaient sur la prédétermination des actes de la créature par le biais de la connaissance par Dieu de ce qui a été et de ce qui sera. Cela dit, chacun pourra mesurer la distance qui sépare la problématique des théologiens et la douloureuse conquête par Sigismond de l'espace de sa liberté, telle que la met en drame Calderón, même s'il reste vrai que l'ancien élève du Collège impérial jésuite de Madrid conclut, comme ses maîtres, à l'existence effective d'une réelle liberté humaine.

Page 57.

1. Il s'agit de Sénèque « le Philosophe », né à Cordoue. On

peut lire dans le *De clementia* (I, VIII) : « Tu trouves pénible que soit refusée aux rois la liberté de parole, dont jouissent les plus humbles. "C'est là — dis-tu — de l'esclavage, non de la souveraineté". Comment ? Tu n'as pas conscience qu'à nous appartient la souveraineté, et à toi l'esclavage ? » Calderón semble également reproduire littéralement ce passage du *De remediis utriusque fortunae* (I, 96) de Pétrarque : « Le bon roi est en effet un esclave de l'État. »

2. Par référence au géant Atlas, condamné par Zeus à soutenir sur ses épaules la voûte du ciel, le terme « atlante » était employé pour exprimer ce qui, réellement ou métaphoriquement parlant, supporte un grand poids.

Page 58.

1. Les commentateurs se perdent en conjectures sur le sens de la réplique de Clairon (*Y yo los viso*), aucun verbe *visar* n'étant attesté par les dictionnaires les plus anciens. Pour justifier que Clairon déclare immédiatement ne pas en être à une lettre de plus ou de moins, on peut imaginer soit qu'il dit *viso* au lieu de *aviso* (j'avise), selon un procédé que nous avons vu employé au début de la pièce (voir note 2, p. 38), soit plutôt qu'il forge un verbe à partir du substantif *viso*, ce qui indiquerait qu'il se contente pour sa part de regarder les pieds de Clothalde au lieu de les lui baiser. Notre traduction, à défaut de prétendre restituer un sens qui demeure hasardeux, vise à reproduire le procédé, même s'il relève d'un comique assez sommaire.

2. Ici au sens du « Tu m'as rendu la vie » ou « sauvé la vie ». Mais il se trouve que sans le savoir Rosaure est la fille de Clothalde, ce qui donne à l'expression ambiguë « Tu m'as donné la vie » sa force dramatique, tant pour Clothalde que pour les spectateurs.

Page 64.

1. À s'en tenir à la ponctuation habituellement retenue pour ce passage, on pourrait interpréter : « … si le ciel (qui ne saurait mentir, surtout que Sigismond nous a donné, dans son caractère cruel, tant de signes de sa dureté) du moins s'adoucit… ». Il nous a semblé que la logique n'y trouvait pas son compte. C'est parce qu'il fait habituellement preuve de

rigueur — les présages funestes manquant rarement de s'accomplir, idée énoncée à plusieurs reprises dans la pièce — que le ciel est susceptible tout au plus de s'adoucir et de se tempérer, mais ne saurait avoir menti tout à fait ; *su rigor* (sa rigueur) est donc celle du ciel. D'autre part, *su condición* (son caractère) peut fort difficilement être appliqué au ciel, et le terme se réfère à Sigismond deux autres fois dans la suite de la tirade. Considérant que la ponctuation dans les éditions de l'époque est souvent manifestement défectueuse, nous proposons de rattacher « dans son cruel caractère » — celui de Sigismond — aux verbes « s'adoucit ou se tempère ».

Page 66.

1. Certains ont vu dans le terme de hallebardier le double sens de claqueur de théâtre, et interprètent sa couleur rousse comme celle d'un niais, ce qui pourrait inciter à comprendre que ce hallebardier n'a guère de poil au menton et ne tire son autorité que de son uniforme. Nous nous en tenons à l'interprétation la plus simple : il semble avoir emprunté sa barbe de rouquin au poil du tissu rouge de sa livrée. Reste que la rousseur ou blondeur de ce hallebardier vient probablement du fait de la présence, dans la garde royale, de soldats d'origine allemande ou flamande.

2. Certains commentateurs pensent que cette loge (dans le texte *ventana*, fenêtre) est constituée par les yeux ; d'autres, par l'impudence. Nous préférons cette dernière interprétation, à cause de *se asoma a* (se penche à) que nous avons donc traduit par « se poste au balcon de ».

Page 67.

1. Clairon cite ici deux vers du refrain d'un *romance* de Góngora qu'on retrouve dans trois autres œuvres de Calderón.

Page 70.

1. Le terme employé ici, *agradador*, est plaisamment inventé par Clairon à partir du verbe *agradar* (plaire, être agréable) utilisé par Sigismond.

2. Cette allusion aux montagnes où a vécu confiné Sigismond est vraisemblablement une perfidie de la part d'Astolphe.

Page 71.

1. Fray Antonio de Guevara, dans une lettre du 22 novembre 1533 à D. Francisco de Mendoza, évêque de Palencia, écrivait à propos des formules employées pour saluer quelqu'un : « Si, pour son malheur, un homme disait à un autre à la cour : "Dieu vous conserve" ou "Dieu vous garde", il se déconsidérerait et se ferait huer. Le langage de la cour est de se dire les uns aux autres : "Je baise les mains de Votre Grâce". »

2. Un des privilèges des Grands d'Espagne consistait à rester couverts devant le roi. François Bertaut rappelle qu'il existait deux sortes de grands : aux premiers, le roi disait : « Couvrez-vous », « et cela n'est attaché en ce cas-là qu'à leur personne et pendant leur vie » ; aux seconds : « Couvrez-vous, comte ou marquis de tel lieu », « et alors cela est attaché à la terre et passe avec la terre en quenouille en d'autres familles ». Les grands de la première classe, ajoute-t-il, « sont ceux qui se couvrent devant que de parler au roi, et ce sont ceux que Charles Quint fit couvrir, qui furent neuf ; d'autres disent douze ». Ceux de la deuxième classe « commencent à parler et puis se couvrent » ; ceux de la troisième « ne se couvrent qu'après avoir parlé et s'être retirés à leur place » (*Journal du voyage d'Espagne, 1659*).

Page 72.

1. En jouant dans cette tirade sur de telles répétitions, encore accentuées dans le texte par celle du mot *parabién* (félicitation), Calderón semble avoir voulu pousser jusqu'à l'outrance le langage affecté en usage à la cour, peut-être pour souligner le contraste entre cette préciosité à laquelle s'essaie Sigismond et sa rusticité naturelle que va trahir bien vite sa tentative de prendre la main d'Étoile.

Page 73.

1. Il est vain de se demander si le terme « mer » peut désigner un bassin du jardin du palais ou de faire observer que la Pologne avait une façade maritime sur la Baltique à partir de 1582. Calderón s'en souciait certainement fort peu. Cette « mer » n'est peut-être qu'une amplification poétique de l'espace extra-scénique, voire une désignation du néant. Elle per-

mettra, à la fin de la Deuxième Journée, que Clairon évoque Icare à propos du serviteur défenestré (ce qui est lui prêter une culture qui défie aussi la vraisemblance mais n'a rien de surprenant selon le code présidant à l'élaboration du personnage de valet comique).

Page 76.

1. Rosaure apparaît pour la première fois vêtue en femme, comme le précise l'indication scénique.

Page 78.

1. Il entre sans se montrer pour l'instant.

Page 83.

1. En espagnol, le mot *fe*, outre le sens de «serment, promesse», a aussi celui de «certificat, attestation», par quoi il s'insère dans le contexte juridique de la phrase.

Page 84.

1. Astrée est le nom qu'a pris Rosaure en entrant au service d'Étoile.

Page 87.

1. Le texte (*es Estrella*) semble à double entente, le second sens étant : c'est une étoile — c'est-à-dire le destin — qui en décide.

Page 91.

1. Allusion au serviteur défenestré par Sigismond. Selon le mythe, Icare s'échappa du labyrinthe de Crète avec son père Dédale grâce à des ailes confectionnées avec des plumes et de la cire; celle-ci fondit parce qu'il s'approcha trop du soleil, et il tomba dans la mer.

2. On rappellera que ce fruit délicieux du pays des Lotophages faisait oublier leur patrie aux étrangers qui en goûtaient (Homère, *Odyssée*, IX, 82-104). Et l'on fera remarquer que Calderón désigne ici d'un nom différent la nature du somnifère administré à Sigismond (voir p. 63).

Page 92.

1. *Le grand théâtre du monde*, c'est le titre d'un *auto sacramental* de Calderón, parmi les plus connus.

Page 93.

1. Voir (p. 63) la scène dans laquelle Clothalde raconte à Basile comment il a préparé Sigismond avant de l'endormir, lui faisant admirer la rapidité du vol altier d'un aigle.

Page 94.

1. L'expression espagnole *hacer bien* peut également avoir le sens de « faire du bien », ce qui donne au message de Clothalde une portée sensiblement différente : non par leçon théorique de morale générale, mais conseil pratique de conduite concrète vis-à-vis des personnes rencontrées sur son chemin. L'amplification morale viendra plus tard dans la bouche du prince 'avec le « on ne perd rien à bien se conduire » (*obrar bien*) de la p. 102.

Page 95.

1. Cette dernière formule (*y los sueños sueños son*) appartenait à la poésie traditionnelle. Voir notice, p. 146.

Page 97.

1. Le texte dit : *donde ya todos los días / en el filósofo leo / Nicomedes, y las noches / en el concilio Niceno*. La traduction littérale (« où désormais je lis tous les jours dans le philosophe Nicomède, et tous les soirs dans le concile de Nicée ») n'aurait eu aucune signification en français, faute de rendre un double jeu de mots. Si plusieurs rois de Bithynie, en Asie Mineure, ont porté le nom de Nicomède entre 278 et 74 av. J.-C. (dont celui qui inspira la tragédie de Corneille), *Nicomedes* ne prend son sens dans le texte que si on le décompose en *ni-comedes* (« et vous ne mangez pas ») ; il faut de même décomposer *Niceno* (de Nicée) en *ni-ceno* (« et je ne dîne pas »). On nous pardonnera donc d'avoir tenté une transposition approximative, qui n'est ni plus ni moins arbitraire que l'original.

2. Allusion à un équivalent du français « Le silence est d'or », qui a deux formes en espagnol : *Al buen callar llaman Sancho* et *Al buen callar llaman santo*. La forme authentique serait la première, si l'on en croit Gonzalo Correas (1627), qui explique : « Certains, parce qu'ils ne comprennent pas le mystère de Sancho, disent : "*Al buen callar llaman santo*" ; mais il n'est pas besoin de modifier la lecture ancienne et il suffit de

savoir que *Sancho*, quoique d'un côté ce soit un nom propre, d'un autre côté signifie "saint", parce qu'il a pour origine "*sanctus*". »

3. Nous ne croyons pas que le verbe *holgar* évoque ici une fête chômée, d'après le sens « reposer, prendre du repos, cesser de travailler, demeurer tranquille, se délasser ». Comme il n'est associé ici qu'au jeûne, nous nous référons à l'autre sens de *holgar* : « se réjouir, avoir du plaisir, se divertir, se récréer ».

Page 98.

1. En réponse à l'invitation qui lui a été faite littéralement sous la forme «Donne-nous tes plantes», Clairon parle ici d'un prince *desplantado*; c'est là un terme qu'il crée pour les besoins de la cause, et qui signifie donc «privé de la plante de ses pieds», mais qui a sans doute quelque rapport avec le substantif *desplante*, terme d'escrime attesté avec le sens de «posture oblique», suggérant donc le déséquilibre.

Page 100.

1. Calderón a écrit en réalité «au moins léger souffle», sans doute par croisement mental avec «au moindre souffle».

Page 102.

1. Sigismond reprend ici en les infléchissant les dernières paroles prononcées par Clothalde lors de leur précédente rencontre, à la fin de la Deuxième Journée (p. 94).

Page 103.

1. Allusion au grondement produit par les sabots du cheval au galop.

2. L'interprétation de ce passage fait difficulté. Plutôt que de comprendre, comme certains critiques, «ce qui est prévu risque fort de se réaliser», nous suggérons soit «ce que l'on a vu d'avance (grâce à la science astrologique) expose à bien des dangers (en particulier si l'on cherche à l'empêcher)», soit même «ce que l'on a prévu de faire (pour conjurer ce qui est infaillible) expose à bien des dangers», autrement dit «il y a bien du danger à vouloir le conjurer».

Page 104.

1. Comme déesse romaine de la guerre, Bellone, longtemps simple puissance mal définie, fut peu à peu identifiée à la déesse grecque Enyô. Elle passe parfois pour la femme du dieu Mars. Sur Pallas, voir la note 5 p. 49.

Page 106.

1. Ici et dans la suite de cette scène, comme dans un passage précédent (voir la note 2 p. 58), l'ambiguïté de l'expression *dar la vida* — donner la vie, mais aussi sauver la vie — est bien commode, tant pour les raisonnements plus ou moins spécieux auxquels elle donne lieu avec son antonyme lui aussi équivoque « recevoir la vie », que pour les effets dramatiques qu'elle permet. Dans le cas présent, Clothalde joue consciemment — froidement, sinon cruellement ? — de cette ambiguïté, sachant bien que Rosaure ne peut retenir de l'expression que son sens second.

Page 107.

1. Le texte dit plus fortement *una vida no vida* (une vie non-vie).

2. Après avoir fait assaut de virtuosité avec Rosaure dans l'art de manier le syllogisme et le sophisme, Clothalde touche ici au cynisme par un double jeu de mots. *Sagrado*, « église, refuge, asile, lieu où la justice ne peut poursuivre ni arrêter un criminel, que dans un certain cas », sert, presque subsidiairement, à désigner le couvent où Rosaure est invitée à se retirer. Quant à *huyendo de un delito*, cela signifie certes, dans le cas de Rosaure, « fuyant un délit », c'est-à-dire « évitant de commettre un crime » (en tuant Astolphe), mais aussi « prenant la fuite après avoir commis un délit », ce qui s'applique au criminel qui cherche l'asile inviolable d'une église pour se soustraire à la justice.

Page 110.

1. Une fois de plus, le texte (*rucio, y a su propósito rodado / del que bate la espuela*) comporte un jeu de mots, et il est plus important de le restituer en tant que tel, au prix d'une transposition, que de rendre la littéralité de l'un ou de l'autre des sens. Ce cheval brun clair ou gris (*rucio*) est en effet double-

ment *rodado* : il l'est par son cavalier (*del* introduisant un complément d'agent) qui l'oriente à son gré ; *rodar* se rattache alors au sens de « tournoyer », de « rôder, aller, venir çà et là », ou plus précisément, puisque nous sommes en présence de la forme passive d'une acception transitive, « faire mouvoir une chose circulairement » ; mais ce verbe n'est employé ici, dans un sens quelque peu forcé, que parce qu'il permet d'évoquer l'expression toute faite *rucio rodado*, qui « se dit aussi d'un cheval gris pommelé », *rodado* étant « le nom qu'on donne au poil bizarre d'un cheval dont le fond est blanc avec des taches noires sur tout le corps ».

2. Casaque : *vaquero* « se dit communément d'une espèce de capote ou de cape, faite comme celle qu'on donne aux sentinelles pour se garantir du froid en hiver ». César Oudin (1675) définit ainsi le *sayo vaquero* : « habit tout d'une venue à la paysanne, un saye de vacher qui a les pans bien longs ».

Page 111.

1. C'était une idée reçue, et même proverbiale, que les belles sont malchanceuses ou malheureuses, et les laides heureuses, notamment en amour. Correas relève : « la chance des laides, ce sont elles qui la gagnent », et commente : « Les belles disent qu'elles voudraient avoir la chance des laides, et celles-ci répondent que ce sont elles qui la gagnent, que les belles n'ont qu'à se comporter en sorte d'être aimées, et qu'elles le seront. »

2. Notre interprétation de ce passage (*siendo objeto de su idea*, littéralement « étant objet de son idée ») n'est pas la seule possible. On pourrait aussi comprendre : « comme je suis une création de son esprit », c'est-à-dire « un objet qu'il a conçu » ; ou même : « le produit de ce qui ne fut que son apparence » (comme dans le cas de Jupiter), ce père inconnu n'ayant pas eu pour elle de présence réelle.

3. Selon les *Métamorphoses* d'Ovide, Jupiter revêtit l'apparence d'une pluie d'or, d'un cygne et d'un taureau pour s'unir respectivement à Danaé, Léda et Europe.

Page 112.

1. Dans ce passage du texte (*el pensamiento la cobra*), nous aboutissons à notre traduction en faisant de *pensamiento* un

complément direct, et de *la* un pronom indirect renvoyant à la mère de Rosaure, *cobra* ayant pour sujet « l'excuse ». Si l'on faisait de *pensamiento* le sujet, et de *la* un pronom direct renvoyant à « excuse », il serait possible d'interpréter : « elle a été si sensible à cette sotte excuse qu'aujourd'hui encore ses pensées y ont recours » (ce qui se relie mal à la suite de la phrase), ou bien : « cette sotte excuse lui a coûté si cher qu'elle rêve encore de la faire payer au séducteur ».

2. Plusieurs commentateurs considèrent comme une erreur de Calderón l'allusion à Troie, puisque c'est lors de son départ de Carthage qu'Énée abandonna son épée à Didon (*Énéide*, IV). La confusion n'est pas invraisemblable, d'autant que dans le *romance* « Eneas y Dido » du *romancero general*, Troie est évoquée quelques vers après la mention de l'épée laissée par Énée.

3. Rosaure utilise ici une expression nautique employée pour une embarcation qui essuie une tempête et risque de sombrer, l'un des sens de *fortuna* étant « bourrasque, tempête, orage, ouragan, tant sur mer que sur terre ».

Page 113.

1. Le texte dit littéralement : « je me retrouvai morte, je me retrouvai moi ».

2. L'expression *le hace la salva* signifie « porter une santé », d'où « faire l'essai », cérémonie — à l'origine précaution réelle — par laquelle le maître d'hôtel, en goûtant lui-même au vu de tous les mets et les boissons servis aux rois et aux princes, administrait la preuve qu'ils n'étaient pas empoisonnés. D'où notre traduction : « en vous précédant ».

Page 114.

1. Diane est la déesse italique et romaine identifiée à Artémis, qui était elle-même le type de la jeune fille farouche, se plaisant seulement à la chasse [...], la déesse sauvage, des bois et des montagnes, qui fait sa compagnie ordinaire des fauves. C'est peut-être la casaque de vacher que porte Rosaure (voir la note 2, p. 110) qui justifie cette allusion ; il resterait à expliquer que cette tenue soit qualifiée de « coûteuse ».

Page 115.

1. Rappelons que Rosaure fut l'objet, à la Deuxième Journée de la pièce, de ce qu'il faut bien appeler une tentative de viol de la part de Sigismond.

Page 117.

1. Entendons par là que sortent Sigismond et les soldats arrivés avec lui.

Page 118.

1. Clairon bâtit l'essentiel de sa tirade sur des termes appartenant au vocabulaire des jeux de cartes : il se réfère à la combinaison appelée *quínola*, qui consiste à réunir quatre cartes, une de chacune des quatre couleurs, au jeu de *primera* et à celui de *quínolas*. Le mot « désigne aussi, par métaphore, l'écuyer qui accompagne les dames » : en français certes, mais à partir d'un mot espagnol ; et Clairon n'est-il pas un valet, écuyer d'une dame ? Pour ce qui est de *quínola pasante*, il est vraisemblable que Clairon emploie ici le mot *pasante* dans un double sens, et nous suggérons le sens premier, dérivé de celui de *pasar* qui « se prend aussi au sens de mourir », notre valet voulant signifier selon nous qu'il a bien failli passer de vie à trépas ; risque d'autant plus grand s'il avait tiré une « figure » (roi, cavalier ou valet dans le jeu espagnol), du fait que dans le jeu de *primera* la figure est la carte qui vaut le moins de points.

Quant à l'expression *estar para dar un estallido* (être sur le point d'éclater), que Clairon s'applique à lui-même à la fin de la tirade, elle évoque assurément le son du clairon, mais c'est aussi une « expression hyperbolique par laquelle on explique que l'on redoute et attend de voir se produire quelque très grave dommage » ; en sorte que nous pourrions une fois de plus être en présence d'un double sens : d'une part Clairon a failli faire un éclat en révélant le secret de la filiation de Rosaure, d'autre part il a bien cru crever.

Page 119.

1. Allusion aux premiers vers d'un *romance* très fameux : « De la roche Tarpéienne Néron regarde comment Rome brûlait ; enfants et vieillards poussent des cris, et lui ne se souciait de rien. »

2. Geste obscène de dérision, «action de fermer la main en passant le pouce entre le doigt index et celui du milieu».

Page 120.

1. On pourrait aussi comprendre «le bois», le mot *monte* ayant les deux sens; dans la suite il est question de «ses branches», mais aussi de «ses cimes»…

Page 125.

1. Sigismond s'adresse ici aussi aux spectateurs. Il est fréquent, sinon rituel, que les *comedias* s'achèvent par de telles excuses présentées au public au nom des acteurs.

L. D.

RÉSUMÉ

Premier tableau : la tour (p. 37-49). Paysage désolé d'une frontière escarpée de Pologne, un soir, au crépuscule. Une jeune femme déguisée en homme, Rosaure, apparaît en tenue de voyage. Son cheval fait un écart, et elle roule au bas de la montagne, où elle retrouve son domestique, Clairon, figure traditionnelle du valet comique (*gracioso*) de la *comedia* espagnole. Le choc est rude, au physique comme au moral, pour cette étrangère déjà livrée au désespoir. Mais à peine a-t-elle le temps de se récupérer qu'elle aperçoit l'obscure entrée d'une tour, dont la rusticité n'a d'égale que la sauvagerie du paysage. Elle s'en approche, lorsque s'élèvent des bruits de chaînes que redoublent d'horribles cris. Elle veut fuir, mais, fascinée, découvre peu à peu l'étrange habitant de cet antre, un homme vêtu de peaux de bêtes et chargé de fers. (Sous-séquence Ia, p. 37-40.)

Du corps de ce «vivant cadavre» montent bientôt — le premier et le plus connu des monologues de Sigismond — les plaintes révoltées de qui ignore pourquoi il est ainsi enfermé depuis sa naissance, ainsi privé du privilège d'une liberté dont jouissent même les êtres de la nature. En l'entendant, Rosaure ne peut s'empêcher d'exprimer sa compassion et, ce faisant, révèle sa présence. Le prisonnier, d'abord, est tenté de tuer l'intrus(e) et de faire disparaître ce regard où se réfléchit et se multiplie l'image de son indignité. Mais l'agenouillement et la

beauté de l'être qui le supplie éveillent en lui d'autres sentiments : le fauve furieux se fait homme confiant et prêt, avec
une même passion, à se livrer aux chaînes bien plus légères,
pense-t-il, de l'amour. L'inconnu(e), jouant pleinement le jeu
de ce noble échange, veut, en retour, dévoiler toute son histoire. Elle commence, quand, brutalement, survient Clothalde, le gardien de la tour. Forcé d'appréhender tous ceux
qui violent l'interdit royal, il vient arrêter Rosaure et son valet,
ce qui déchaîne la rage du forçat, aussitôt maîtrisé et réenfermé. (Sous-séquence Ib, p. 37-45.)

L'homme du roi procède alors au désarmement des nouveaux détenus. Mais quelle n'est pas sa surprise : dans l'épée
remise par cet étranger qui lui avoue vivre sans honneur, il
reconnaît l'arme même qu'il avait laissée à Violante, sa maîtresse d'un temps, abandonnée alors qu'elle était enceinte.
L'inconnu est donc son fils, qu'il va devoir sacrifier à la raison
d'État, puisque la mort est prévue pour tout profanateur de
l'espace tabou de la prison. Pris dans la contradiction entre
son affection de père — que pour l'instant il se refuse à être
explicitement — et sa loyauté de serviteur du monarque, il ter-
giverse mais finit par se décider : il dira au roi qui est cet étranger ; s'il en obtient la grâce, il pourra le recueillir et l'aider ; en
cas contraire, il le laissera aller à la mort sans lui révéler les
liens de parenté qui les unissent. (Séquence II, p. 45-49.)

Deuxième tableau : le palais (p. 49-61). Le deuxième tableau
s'ouvre, en parfait contraste avec le premier, sur le perfide
marivaudage auquel se livrent, dans l'éclat du palais, Astolphe,
duc de Moscovie, et Étoile, sa cousine et rivale. Tous deux pré-
tendent en effet à la succession du très vieux roi Basile, leur
oncle, qui n'a pas d'héritier. (Sous-séquence IIIa, p. 49-52.)

Le voici d'ailleurs qui fait son entrée solennelle avec sa
suite, au milieu de l'admiration générale suscitée par sa réputation de roi-mathématicien capable de lire l'avenir dans les
astres. S'il a rassemblé ses vassaux, c'est pour leur faire, dans
un dernier discours du trône, des révélations inouïes : contrairement à ce qu'il a toujours laissé croire, il a bien un fils, Sigismond, mais ce fils est un monstre. Il a causé la mort de sa
mère, au cours d'une naissance accompagnée d'étranges cata-
clysmes naturels. Il est apparu, surtout, dans l'horoscope

dressé par son savant père, comme porteur des pires menaces : il sera le pire des princes, allant jusqu'à humilier le roi qu'il fera se prosterner à ses pieds. Aussi Basile le Sage l'a-t-il fait déclarer mort-né et l'a-t-il tenu secrètement enfermé, afin, prétend-il, de «voir si le sage saura dominer les étoiles». À l'heure de transmettre la couronne à sa ligne collatérale, pourtant, quelques derniers scrupules le taraudent. Il s'est rendu compte qu'en privant son fils de toute liberté sous le prétexte de son éventuelle tyrannie, c'est lui, Basile, qui s'est montré tyrannique. Il se souvient, bien tardivement, que si les étoiles «inclinent le libre arbitre, elles ne le contraignent point». Voilà pourquoi il a choisi de tenter une ultime expérience : dès le lendemain, il mettra Sigismond à sa propre place, mais sans lui révéler sa véritable identité ; tous pourront ainsi vérifier si le comportement de l'infant confirme les sombres prédictions du destin ; si tel est le cas, pour lui de loin le plus probable, Basile pourra alors, en toute bonne conscience, renvoyer le coupable dans sa tour et régler ensuite le problème de sa succession en mariant puis en installant ses deux neveux sur le trône. Et tous d'approuver de si sages résolutions, dévoilées, il faut le souligner, en ce même crépuscule du premier soir où nous avions découvert le prince de Pologne en sa tour enfermé. Clothalde, son gardien et premier ministre, n'est donc au courant de rien quand il se présente, avec ses deux prisonniers, devant le monarque resté seul. Il vient demander pour eux la vie sauve malgré leur crime, mais Basile l'interrompt : il a lui-même révélé le secret à sa cour et convoque son favori pour mettre en œuvre son expérimentation. Clothalde se rassure : son «fils» — il n'a même pas eu besoin de le présenter comme tel et décide aussitôt de continuer à n'en rien dire — ne mourra point. Reste le problème de son honneur perdu. Il mène en conséquence une subtile enquête et, nouveau rebondissement, apprend que l'inconnu est en réalité sa fille, ainsi déguisée pour poursuivre celui qui l'a déshonorée, à savoir Astolphe, duc de Moscovie, désormais tout près de succéder au roi de Pologne. On imagine le désarroi du père-courtisan, obligé, pour laver l'outrage d'une enfant qu'il ne reconnaît toujours pas, d'affronter son futur souverain. (Sous-séquence IIIb, p. 52-61.)

Troisième tableau : le palais (p. 62-90). Nous sommes au lendemain du premier soir. Clothalde vient rendre compte à Basile
de l'accomplissement de sa mission, sur laquelle il ne laisse
pas d'exprimer de très fortes réserves. Il a bien, selon les
ordres, fait absorber un somnifère au prince, transporté
ensuite au palais par les gens du roi. Mais il ne comprend pas
le pourquoi d'un pareil procédé, non prévu au départ. Basile
s'empresse de le tranquilliser et lui explique les raisons de
cette nouveauté, fruit de son invention fertile : contrairement
au projet initial, en effet, Sigismond sera mis au courant de sa
véritable identité ; s'il se comporte correctement et sait triompher de son horoscope, il pourra régner ; mais si, comme en
est persuadé le roi-expérimentateur, il s'avère cruel et tyrannique, sa réincarcération lui sera moins douloureuse vu qu'il
pourra croire qu'il a rêvé et n'a jamais quitté la prison. La
satisfaction du monarque contraste fortement avec le dissenti-
ment du ministre. Mais il est trop tard. Le prince s'éveille len-
tement et va paraître. Le temps, juste, pour Clairon, le valet de
Rosaure, de transmettre à son père les doléances de cette dernière : elle a accepté, en s'en remettant à lui pour venger son
honneur, de reprendre ses habits féminins et de se faire passer, sous le nom d'Astrée, pour sa nièce ; elle a consenti,
même, à entrer comme suivante au service de sa rivale directe,
la princesse Étoile ; mais elle s'étonne de l'inaction de son
père, qui répond avoir choisi, tactiquement, de laisser du
temps au temps et s'assure présentement le silence de Clairon,
prêt à le faire chanter, en le prenant à son service. (Séquence
IV, p. 62-67.)
　　Paraît enfin Sigismond, richement vêtu, au milieu de tout le
luxe du palais. Il n'en croit pas ses yeux et s'interroge en un
court soliloque : rêve-t-il ? est-il éveillé ? Qu'importe, conclut-
il ; l'important est d'en profiter. Ce qu'il fait en exerçant sans
limites ni contrôle son omnipotence nouvelle. Clothalde,
d'abord, en fait les frais. Venu informer le prince de la vérité
de la situation, sa loyauté n'est vue par Sigismond que comme
une trahison passible de la mort. Le ministre ne doit son salut

qu'à la fuite, non sans avoir adressé un premier avertissement à son seigneur, dont Clairon, au contraire, flatte bassement les mauvais penchants. Survient Astolphe, aux propos perfides et pleins de morgue, et qui jouit de l'appui des courtisans présents. Sigismond a beau jeu de le remettre, fort discourtoisement, à sa place ; on sent le duel proche lorsque, dans toute sa beauté, se présente Étoile. Le prince, abasourdi, lui déclare sa flamme et veut, contre toute convenance, lui baiser la main. Un des serviteurs s'interpose et se fait proprement défenestrer, tandis qu'Astolphe, proférant des menaces, s'éloigne. Les cris, cependant, ont alerté le roi, qui arrive. L'entrevue tant attendue va avoir lieu. Elle sera l'histoire d'une rencontre manquée. Basile ne sait dire que son impossibilité de prendre dans ses bras ce fils assassin, lequel de son côté dresse un impitoyable réquisitoire contre ce père qui a dénié sa condition d'homme et à qui il prétend ne rien devoir. La rupture est consommée. Basile, avant d'abandonner la place, lance une nouvelle admonestation à l'adresse du prince : prends garde, lui dit-il, sois humble et doux, car « peut-être es-tu en train de rêver, bien qu'il te semble être éveillé ». La phrase fait mal au prince en perdition, qui ressent à nouveau le besoin de s'interroger. (Sous-séquence Va, p. 67-76.)

Sa réflexion, pourtant, tourne court. Il cherche plutôt refuge dans la nostalgique rêverie d'une évocation de la femme. Le hasard — haute stratégie du dramaturge — veut qu'à ce moment paraisse Rosaure-Astrée, préoccupée par son affaire d'honneur. Sigismond l'aperçoit, croit reconnaître en elle une personne un jour entrevue, sans toutefois parvenir à identifier l'inconnu(e) de la scène initiale. D'autant plus que la jeune femme lui cache son identité réelle, soucieuse d'échapper à l'empressement excessif de l'homme-fauve. Menacée de viol, elle est sauvée par Clothalde, dont le rappel d'un rêve possible déchaîne la rage de Sigismond. Celui-ci veut tuer le trop fidèle vassal, mais tous accourent, successivement, et, dans la coalition de leur légitime défense, encerclent et traquent le prince, qui quitte lamentablement la scène, poursuivi par l'écho d'ultimes avertissements : « tout ce qui t'est arrivé, parce que c'était un bien du monde, n'a été qu'un songe ». (Sous-séquence Vb, p. 76-82.)

Ses deux rivaux peuvent respirer. Le problème, politique,

de la succession semble définitivement réglé à leur avantage. Reste à envisager celui de leur relation amoureuse, que le portrait de Rosaure qu'Astolphe portait naguère au cou vient sérieusement compromettre. Le lâche abuseur de Moscovie a tôt fait de lever l'obstacle. Il part chercher le portrait, qu'il sacrifiera à la jalousie d'Étoile. Mais cette dernière en confie la réception à Astrée, qui n'est autre que Rosaure... Une violente dispute éclate entre les anciens amants, Astrée s'arrangeant pour qu'Astolphe en sorte, aux yeux d'Étoile, en pitoyable posture. L'inconnu(e), décidément, s'y entend, dès qu'elle est seule, pour déjouer les plans les mieux ourdis. (Séquence VI, p. 82-90.)

Quatrième tableau : la tour (p. 90-95). Tel n'est pas le cas, pour l'heure, du prince de Pologne à sa tour revenu. Encore sous l'effet du narcotique qui a servi à l'y amener, il rêve à voix haute, sous le regard de Clothalde et de Basile, toujours empli du désir de tuer l'un et d'humilier l'autre. Puis il s'éveille et redécouvre horrifié les fers de la tour-sépulcre. Réalité cruelle qu'il ne peut, en un premier temps, qu'opposer au rêve de son séjour au palais. Mais réalité vraiment trop cruelle pour qu'il ne trouve, au terme de tant d'affirmations assenées sur l'omniprésence du rêve, la parade indispensable à sa survie : s'il est vrai, gémit-il, que je n'ai fait que dormir, pourquoi ne pas dormir encore et échapper ainsi à l'épouvante du réveil? Ainsi, contre l'évidence des sens (la vie n'est pas un rêve) prévaut la foi de la conscience (la vie est un rêve), pour que puisse s'accomplir la fuite dans la remembrance (le rêve, c'est la vie). Tout est brouillé pour lui désormais, si l'on excepte l'amour ressenti pour Rosaure, sa seule certitude. Quant au reste, le degré de sa basilisation est extrême : la vie pour lui n'est plus qu'une illusion, qu'une ombre, qu'une fiction, « car toute la vie est un songe et les songes sont des songes ». (Séquence VII, p. 90-95.)

TROISIÈME JOURNÉE

Cinquième tableau : la tour (p. 96-102). Rien n'a changé quand, quelques jours plus tard, sonnent aux abords de la tour des

bruits de tambours et des cris de gens en armes. C'est Clairon
— Clothalde, afin d'en neutraliser le chantage, l'avait
enfermé dans la même tour que le prince —, c'est Clairon,
donc, qu'ils trouvent en premier et qui passe à leurs yeux, l'espace d'un instant, pour Sigismond lui-même. Belle illustration, que ce quiproquo, de l'aveuglement du peuple, d'un
peuple venu arracher son prince légitime à la prison afin
d'empêcher que le sceptre de Pologne ne tombe dans les
mains d'un étranger. Le vrai Sigismond, cependant, ne tarde
pas à se montrer et écoute en silence le discours du chef des
insurgés venus lui offrir la liberté et l'occasion de retrouver le
trône. Mais ces nouvelles favorables ne suscitent d'abord chez
le prince qu'un mouvement de terreur. Puisqu'il a appris, au
prix de quelles souffrances, que la vie est un songe, il refuse de
vivre un nouveau « rêve de grandeurs que le temps défera ».
Non sans regret, malgré tout, devant ce bonheur qu'une prudence chèrement acquise lui enjoint de n'accepter pas, devant
cette tentation qu'une parole de l'émeutier lui rend bientôt
moins inaccessible. Peu à peu libéré de l'apathie du désespoir,
Sigismond se décide enfin à rêver une fois encore, tout en se
répétant qu'il ne s'agit que d'un rêve et que, s'il sait appliquer
la leçon donnée par Clothalde au soir de son réenfermement
(« car même dans les songes on ne perd rien à faire du bien »),
il lui appartient, peut-être, d'en prolonger la durée. L'occasion lui est d'ailleurs immédiatement donnée de contrôler la
pertinence de son nouveau choix de comportement. Alarmé
par le tumulte, Clothalde s'est jeté sans le savoir dans la
gueule du loup ; il s'apprête à mourir, lorsque Sigismond le
relève et, reconnaissant en lui son véritable père, le laisse partir là où l'appelle sa loyauté de vassal, c'est-à-dire auprès du roi
Basile, son seigneur. (Séquence VIII, p. 96-102.)

Sixième tableau : le palais (p. 102-109). Le monarque, pour sa
part, a besoin de la triple intervention d'Astolphe, d'Étoile et
de Clothalde, venu annoncer la libération du prince, pour sortir enfin d'une passivité qu'il voudrait faire passer pour une
sage résignation. Prenant les armes pour diriger la résistance
nobiliaire et défendre sa couronne, il part et laisse seuls en présence Clothalde et Rosaure. (Sous-séquence IXa, p. 102-105.)
Cette dernière est bien décidée à obtenir de son « oncle »

qu'il passe enfin aux actes, lui aussi, et lave son honneur. Car il n'est plus question pour elle, si elle veut gagner sa propre guerre, de se contenter des tergiversations de son protecteur. Celui-ci a beau invoquer qu'Astolphe lui a sauvé la vie, il a beau offrir à sa fille toute sa fortune pour constituer la dot qui lui permettra d'entrer au couvent, Rosaure ne cède pas. Puisqu'il abandonne sa cause, c'est elle-même qui ira tuer Astolphe. Libérée du poids d'une obéissance pour elle devenue suicidaire, Astrée pourra redevenir Rosaure et, nouvelle héroïne de la renommée, prendre son envol solitaire vers le soleil de la mort. Au risque, bien sûr, de se perdre, risque que très aristocratiquement elle sait prendre dans toute sa réalité, tandis que son pseudo-oncle, figé dans l'immobilité de son blocage, n'y adhère que du bout des lèvres. (Sous-séquence IXb, p. 105-109.)

Septième tableau : entre la tour et le palais (p. 109-125). Les événements, pendant ce temps, se sont précipités. Sigismond a volé de victoire en victoire. Toujours revêtu de peaux de bêtes, il est près d'accéder, tel un général romain, au triomphe, lorsque se présente à lui, en un équipage guerrier proche de son déguisement initial, une femme-soldat qui n'est autre que Rosaure, l'amazone de Moscovie. (Sous-séquence Xa, p. 109-110.)

Il la reconnaît sans hésiter, cette fois, et la contemple, ébloui, pendant le très long plaidoyer *pro domo* où elle fait le récit, enfin complet, de tout ce qui s'est passé depuis le début. Tout y est mis en place : les protagonistes et leurs histoires personnelles ; les épisodes divers, enfin réinscrits dans une chronologie cohérente et articulée. La fascination du prince, à cet instant, n'est plus seulement due à la beauté de celle qui vient lui proposer de l'aider pour mieux vaincre les usurpateurs dont ils sont tous deux les victimes. Elle est aussi fascination d'horreur, puisque la révélation que tout, dans son aventure, a été réel, fait s'écrouler le rêve de conquête qu'il croyait pouvoir mener à bien en réglant sa conduite sur les conseils de Clothalde. Sa déception est immense. Il connaît un moment la tentation de céder à nouveau au vertige de l'immédiateté et de jouir de cette chair offerte à son désir. Mais sa mémoire est là, qui le point et l'obsède, et le conduit, à partir de toute son expérience antérieure, à voir aussi dans cet être venu tout à la fois le supplier et le soutenir dans sa lutte l'occasion de sa plus haute gloire. Sa décision est prise : il ne prendra pas l'honneur de Rosaure mais le restaurera et, pour ce faire, achèvera la conquête du pouvoir. (Sous-séquence Xb, p. 110-117.)

C'est chose bientôt faite. Basile, Clothalde et Astolphe sont en fuite, mais s'arrêtent au spectacle du corps de Clairon, qu'une balle perdue a frappé. Du valet, les dernières paroles rappellent qu'il n'est nul moyen d'échapper à son destin, si Dieu a décidé qu'il faut mourir. (Sous-séquence XIa, p. 118-120.)

Message que Basile s'empresse d'interpréter, contre l'avis de Clothalde et d'Astolphe, comme une nouvelle invitation à la résignation. Renonçant à fuir, il veut tenter d'user auprès de Sigismond d'un ultime remède, qui est son dernier stratagème : devant tous, histrioniquement, il se jette aux pieds du vainqueur pour l'obliger à son tour, s'il accomplit le funeste horoscope, à se reconnaître comme esclave du destin. Mais le prince ne tombe pas dans le piège. Dans un admirable discours du trône, à la fois parole adressée aux autres et monologue de combat pour lui-même, il tire tous les enseignements de son exceptionnel parcours. Mieux, il parvient à mettre immédiatement en application les leçons qui en découlent. C'est ainsi qu'il relève son père et se met à son tour à sa merci, afin de montrer qu'on peut vaincre les présages du ciel. C'est ainsi, également, que, fait roi par son père, il sait se vaincre lui-même et restaurer l'honneur de Rosaure en la mariant à Astolphe, tandis qu'il assure la stabilité de la dynastie en épousant Étoile et celle de la monarchie en récompensant la loyauté de Clothalde et en punissant la déloyauté du soldat rebelle. (Sous-séquence XIb, p. 120-125.)

M. V.

Composition Interligne.
Impression Société Nouvelle Firmin-Didot.
le 16 octobre 1997.
Dépôt légal : octobre 1997.
Premier dépôt légal : septembre 1996
Numéro d'imprimeur : 40338.

ISBN 2-07-040064-6/Imprimé en France.

84575